中学校英語サポートBOOKS

主体的・対話的で深い学びを実現する！

英語授業の発問づくり

田中 武夫・田中 知聡 著

明治図書

はじめに

本書の目的

　本書の主な目的は，英語授業の中で主体的・対話的で深い学びをつくり出すために，どのように発問を考えて活用すればよいかを具体的に提案することにあります。発問とは，授業目標の達成に向けて，生徒が主体的に教材や活動に向き合い，深い学びを促すように計画的にデザインした教師の指導言を指します。とくに，英語による発問は，教師と生徒との英語によるコミュニケーションをつくるきっかけとなります。教科書を英語で正しく理解したり，英語を用いて深く思考したり，自分の考えを豊かに英語で表現したりするためには，発問は欠かすことができません。

対象とする読者

　本書は，「発問」という言葉を聞いたことはあるけれども，授業の中で実際どのように発問を使っていけばよいのだろうと思っている先生方に向けたものです。また，発問を使って授業を行っているけれども，授業の中で発問を使いこなせていないという先生方にもぜひ手に取っていただきたいと思っています。本書を書くにあたり，読者の方々に発問づくりと活用例を具体的に理解いただけるよう，次のように，本書の構成を工夫しました。

本書の特徴

　本書の大きな特徴は，「聞くこと」，「読むこと」，「話すこと（やり取り）」，「話すこと（発表）」，「書くこと」の5つの領域別に発問づくりの例を提示したことにあります。発問は，授業のあらゆる場面で活用することができます。授業で実際に発問を活用している場面にフォーカスし，読者の皆さんの授業ですぐに利用できるような具体例を示すよう心がけました。

　各項の🔍「ここに着目！」というセクションでは，🌱「授業で育てたい力」を育成するためにどのように発問をつくればよいか，いろいろと発想ができるようわかりやすく図示しました。また，💬「こんな発問をしてみよう」というセクションでは，実際に使える発問の具体例を示しました。

　👥「発問を使ったやり取り」では，授業の中で，教師がどのように発問しながら，生徒と英語でのやり取りができるのかがわるように，具体的なやり取りを提示しました。自分だったら，こんなアレンジができそうかなと授業風景や生徒との英語のやり取りを思い描いてみてください。☝「発問のポイント」では，具体的な教室でのやり取りを通して見えてくる，発問づくりや活用のポイントについて解説しました。Ⓠ「Question コーナー」では，発問に関して教師が疑問に思う事柄やプラスアルファの情報を追加しました。これらに発問の着想を得て，実践につなげていっていただければと思います。

2018年5月

　　　　　　　　　　　　　　　　　　　　　　　田中武夫・田中知聡

Contents

はじめに

Chapter 1 主体的・対話的で深い学びを実現する 発問づくりのポイント

- ● 発問を使って授業をはじめる前に ……… 8
- 1 シンプルな英語を使おう ……… 10
- 2 発問のタイプを知り，使い分けよう ……… 12
- 3 生徒の理解や表現をどのように引き出すか考えよう ……… 14
- 4 生徒に身につけさせたい力をイメージしよう ……… 16

Chapter 2 4技能・5領域別発問づくり

聞くことの指導

- ● 聞く力を育成する発問を考える前に ……… 20
- 1 大まかな情報を聞き取らせる発問 ……… 22
- 2 詳細な情報を聞き取らせる発問 ……… 28
- 3 聞き取ったことをもとに推測させる発問 ……… 32
- 4 概要や要点を把握し，英語で説明させる発問 ……… 38

読むことの指導

- ● 読む力を育成する発問を考える前に ……… 42
- 1 導入で生徒の興味・関心を高める発問 ……… 44
- 2 大まかな情報を読み取らせる発問 ……… 48
- 3 詳細な情報を読み取らせる発問 ……… 52
- 4 テキストに書かれていない情報を推測させる発問 ……… 64
- 5 読んだことをもとに生徒の経験や考えを引き出す発問 ……… 72

話すこと（やり取り）の指導

- ● 話す力（やり取り）を育成する発問を考える前に ……… 76
- 1 即興で話をさせる発問 ……… 78
- 2 会話を継続させる発問 ……… 82
- 3 会話の内容を深める発問 ……… 86

話すこと（発表）の指導

- ● 話す力（発表）を育成する発問を考える前に ……… 90
- 1 目的・場面・状況を考えさせる発問 ……… 92
- 2 メモなどを活用して発表させる発問 ……… 96
- 3 まとまりのある内容を発表させる発問 ……… 100
- 4 説得力のあるスピーチをさせる発問 ……… 104

書くことの指導

- ● 書く力を育成する発問を考える前に ……………………………… 108
- 1 目的・場面・状況を考えさせる発問 ……………………………… 110
- 2 モデル文から役立つ語句や表現に気づかせる発問 ……………… 116
- 3 書きたい内容を絞らせる発問 ……………………………………… 120
- 4 具体的な事柄について書かせる発問 ……………………………… 124
- 5 事実や考えを整理させる発問 ……………………………………… 130
- 6 目的に沿って適切に,まとまりのある内容を書かせる発問 …… 134
- 7 理由とともに考えを書かせる発問 ………………………………… 138

Chapter 1

主体的・対話的で
深い学びを実現する

発問づくりのポイント

発問を使って
授業をはじめる前に

　発問を使って英語授業をはじめるにあたり，読者の皆さん自身が発問をどのようにイメージしているか考えてみましょう。

　まず，何のために発問をするのでしょうか。発問は，身近なものにたとえると「自転車に乗るための訓練の際の補助」にあたります。一人で自転車に乗れるようになるためには，自転車に補助輪をつけたり，誰かが自転車の後部座席を支えたりしながら，少しずつ自転車に慣れていきます。

　発問も同じです。発問は，生徒が英語でコミュニケーションができるようにするための補助の役目を担っています。発問の役割は，生徒の理解をチェックするだけではありません。英文テキストの内容を深く理解したり，思考を深めたり，生徒同士の活発なやり取りを促したり，英語での豊かな表現を引き出したりする，など実に様々な役割があります。

　発問を使って生徒の英語によるコミュニケーションを支えるためには，ポイントがあります。思いつきでは，生徒をうまく支えることはできません。この章では，英語授業での発問をつくるにあたって，これは考えておきたいと思われるポイントをまず見ていくことにします。そのポイントとは，①シンプルな英語を使う，②発問のタイプを知り，使い分ける，③生徒の理解や表現をどのように引き出すか考える，④生徒に身につけさせたい力をイメージする，の4つです。

　英語授業の中で，発問を使いこなしながら，生徒との英語でのコミュニケーションを効果的に活性化できるよう，その具体例とポイントを学んでいくことにしましょう。

☐ 発問を使った授業について考えてみましょう。

1　発問を使って授業を進める目的は何でしょうか？

2　発問を使って授業をする際，よい点は何ですか？

3　発問を使って授業をする際，難しく感じることは何ですか？

4　発問づくりをしてみて変化が見られることはありますか？

5　発問づくりにおいて，改善してみたいことは何ですか？

# シンプルな英語を使おう

　英語を使って発問する際には，教師はできるだけ簡単な英語を使いましょう。発問をするときには，日本語で考えた説明や問いを単に英語で行えばよいというわけではありません。生徒と英語でコミュニケーションをするイメージをもって，生徒がすぐに理解できるよう，また，すぐに答えることができるような工夫をしましょう。

　発問を英語で行う際の工夫には，次の3つのポイントがあります。①シンプル，②具体的，③繰り返す，の3つです。

　第1に，発問する際の教師の英語をシンプルにすることです。発問はできるだけ短くします。文を短くすると自然と英語が易しくなります。生徒が知っている易しい単語や覚えやすい表現を使うようにします。発問が長くなってしまう場合には，短く分けて問うことはできないか，もっと簡単にできないか考え直してみましょう。

　第2に，英語や説明を具体的にすることです。教師の英語を生徒が理解できるように具体的な補助を考えます。例えば，問いへの答え方を教師がモデルで示します。問いが難しい場合には，選択肢を与えてもよいでしょう。教師がジェスチャーや表情で示したり，写真やイラストなどの視覚資料や実物を示したりすることも，生徒の理解を助けます。

　第3に，教師の発話を繰り返すことです。初めて聞く英語の発問を一度で理解することは難しいものです。教師が同じ発話を繰り返したり，確認したりするだけでも，生徒の理解を助けます。また，同じ表現を別の表現に言い換えて尋ねることも重要です。

☐ **教師自身が授業で英語を率先して使いましょう。**

1 授業で英語を使っていますか？

  ☐ ほぼできている
  ☐ あまりできていない

2 生徒は教師の英語を理解していますか？

  ☐ ほぼできている
  ☐ あまりできていない

3 うまくいっているときはどんなときですか？

4 うまくいかないときはどんなときですか？

5 どうすれば理解しやすくなりますか？

 発問のタイプを知り，使い分けよう

　発問のタイプを知っておくことはとても大切です。発問には次のような区分と異なるタイプがあります。

　まず，閉じた発問（closed questions）と開いた発問（open questions）の区分があります。閉じた発問とは，Are you interested in scuba diving? のように，Yes/No で答える問いを指し，選択肢が提示されている問いも含まれます。開いた発問とは，What do you think about scuba diving? のように，答え方を自由に述べることができる問いを指します。

　第2に，表示発問（display questions）と参照発問（referential questions）の区分があります。表示発問とは，What is the highest mountain in Japan? のように，教師が答えを知っていて尋ねる問いを指します。参照発問とは，What can we do to solve our environmental problems? のように，教師は答えを知らず生徒から自由な答えが出てくる可能性のある問いを指します。

　第3に，事実発問（fact-finding questions），推論発問（inferential questions），評価発問（evaluative questions）といった区分があります。事実発問は，テキスト上に書かれた事実情報を尋ねる問いであり，推論発問は，テキストには書かれていない内容を推測させる問いを指し，評価発問は，テキストの内容をもとに生徒の考えを尋ねる問いを指します。これらの具体例については，次のセクションで見ていきます。

　授業の目的，生徒の実態，授業の展開に合わせて，発問のタイプを使い分けることが大切です。発問の内容や難易度が異なれば，それにともなって生徒をサポートするポイントが異なってきます。

☐ 使っている発問のタイプを確認しましょう。

1　答えの自由度の違いから見た発問のタイプ

　　☐　閉じた発問（closed questions）
　　☐　開いた発問（open questions）

2　問いの目的の違いから見た発問のタイプ

　　☐　表示発問（display questions）
　　☐　参照発問（referential questions）

3　テキスト情報の処理の違いから見た発問のタイプ

　　☐　事実発問（fact-finding questions）
　　☐　推論発問（inferential questions）
　　☐　評価発問（evaluative questions）

# 生徒の理解や表現を
どのように引き出すか考えよう

　授業の主役は生徒です。生徒が英語を使って理解したり，思考したり，表現したりすることを支えるのが，教師の役割です。発問は，生徒の理解や思考，表現を促すための道具，足場づくり（scaffolding）の1つになります。生徒の主体的な活動を支えるために，いくつくらいの発問が必要か，どのような順番で尋ねるか，どのような内容の発問をするのか，生徒の思考を支える補助発問には何が必要か，などを考えます。

　生徒はどのように問われたら英文テキストを読みたいと思うのか，何を問われればテキストを正確に理解できるか，どのように働きかけられれば深く考えるか，どう尋ねられれば英語で表現したいと思うのか，を教師は考える必要があります。

　授業では，生徒に「わかった！」「できた！」「なるほど！」という達成感をもたせることがとても大切です。そのためには，生徒のことをよく見ましょう。どの生徒がつまずいているのか，どの生徒がよいアイデアを思いついたのか，どのように発問を言い換えれば答えやすくなるのか，などの工夫できるようになります。

　また，つまずいている生徒がいたら，どのようにヒントを出すべきか，間違った答えを導いた生徒には，どのようにフィードバックを与えるとよいか，生徒から出てきた意見をどのようにクラスで共有すればよいか，なども，授業の中で工夫することが大切です。

☐ 活動したくなる発問は何かを考えてみましょう。

1 生徒はどのように問われると読みたいと思うでしょうか？

2 どのように問われるとさらに考えたくなるでしょうか？

3 生徒はどのように問われると表現したいと思うでしょうか？

4 何をどの順番で発問されると活動しやすいでしょうか？

5 授業中に発問したとき，生徒のどこに注意を向けて見ていますか？

# 生徒に身につけさせたい力をイメージしよう

　教科書や活動を通して,生徒にどのような力を身につけさせたいのかを具体的にイメージできていないと,教科書に出てきた語彙や文法を覚える,英文を日本語に訳すだけの単調な授業になりがちです。また,指導目標があいまいなままでは,具体的な発問を考えることはできません。発問を考える前に生徒に身につけてほしい力をしっかりとイメージしましょう。本書では,4技能別に身につけさせたい力を以下のように捉えています。

　聞くことの指導においては,大まかな情報を聞き取る,詳細な情報を聞き取る,聞き取ったことをもとに推測する,概要や要点を把握し英語で説明する,などの力の育成が考えられます。

　読むことの指導においては,主体的に読みを進める,大まかな情報を読み取る,詳細な情報を読み取る,テキストに書かれていない情報を推測する,読んだことをもとに自分の経験や考えを述べる,文章の論理構成を考える,などの力の育成を目指します。

　話すことの指導においては,即興で話をする,会話を継続させる,内容を深めて会話する,メモなどを活用し発表する,まとまりのある内容を話す,説得力のあるスピーチをする,などの力の育成を目指します。

　書くことの指導においては,簡単な語句や文を用いて書く,考えや気持ちを整理しまとまりのある文章を書く,目的に沿ってまとまりのある内容を書く,考えた・感じたこととその理由を書く,などの育成を考えます。

　指導する目標が具体的になれば,その目標を達成するためにどのような発問をつくればよいかが見えてきます。

☐ 生徒にどのような力を身につけさせたいか考えましょう。

1　生徒に将来，英語で何ができるようになってほしいですか？

2　聞くことの指導でどのような力を身につけさせたいですか？

3　読むことの指導でどのような力を身につけさせたいですか？

4　話すことの指導でどのような力を身につけさせたいですか？

5　書くことの指導でどのような力を身につけさせたいですか？

Chapter 2

４技能・５領域別
発問づくり

聞く力を育成する
発問を考える前に

発問づくりの前に考えてみよう

　まずは，教師自身が生徒に聞かせる英文を通して聞いてみましょう。その英文はどのようなジャンルでしょうか。誰が何のために話をしている英文でしょうか。英文を聞いている際に教師自身が着目した点は何でしょうか。英文が会話文であれば，誰と誰がどこで何の目的で会話をしているのか，その会話の結果どうなったのかなど，興味をもって聞いてみましょう。英文には特徴があるはずです。その特徴を生かして，生徒にどのような力をつけさせたいのかを考えてみましょう。その目標を達成するために，英文の中で，生徒に聞き取らせたいポイントはどこかを考えてみましょう。

聞く力を育てる発問を考えるポイント

　聞く力を育てる発問を考える上で大切な点は4つあります。1つ目は，大まかな情報を捉えさせる発問です。いきなり細かい情報を捉えさせるのではなく，初めは大まかな情報をざっくりと捉えさせます。2つ目は，詳細な情報を聞き取らせる発問です。その英語を理解するために欠かせない情報を正確に理解させる発問をします。3つ目は，聞き取ったことをもとに推測させる発問です。例えば，話し手の意図や感情などを考えて判断する力です。4つ目は，概要や要点を自分の言葉で表現させる発問です。英語の内容の要点を把握し，英語で表現できるように促します。

☐ 発問を使った授業について考えてみましょう。

1　聞き取った英文のジャンルは何ですか？

　　☐　会話文
　　　　（場面・目的は？　　　　　　　　　　　　　　　）
　　☐　説明文
　　　　（場面・目的は？　　　　　　　　　　　　　　　）

2　教師が英文を聞いて着目したところは何ですか？

3　生徒にどのような力をつけさせたいですか？

4　生徒に聞き取らせたいポイントは何ですか？

聞くことの指導

1 大まかな情報を聞き取らせる発問

🌱 授業で育てたい力

・日常的な話題について話される英語を聞いて，大まかな情報を捉えることができる。

🔍 ここに着目！

- A 話題は何？
- B キーワードは何？
- C 誰が話している？
- D 人物はどのような関係？
- E 何をしている？
- F どのような場所？

（中央）大まかな情報を捉えよう

　英語を聞く力を育てるためには，話されている内容の中から重要な語句を聞き取り，大まかに把握しながら英語を聞くことに慣れさせることが重要です。いきなり詳細な情報を聞き取らせるのではなく，まずは，上の図に示したような大まかな情報を聞き取らせることからはじめましょう。

22

こんな発問をしてみよう

A   What is the topic?

What are they talking about?／What is this story about? と尋ねてもよいでしょう。聞く前に話題に着目させれば，生徒は集中して聞き取ります。

B   What are the keywords?

What words are important?／Did you hear the keyword? のように，聞こえた語句の中でも重要な語句を生徒に尋ねるのもよいでしょう。

C   Who is talking?

Can you hear names?／How many people are talking? 誰が話をしているのかを確認することも，情報をつかむための基本となります。

D   Are they friends?

Are they a teacher and a student?／Are they a clerk and a customer?／What is the relationship between them? のように，教師と生徒なのか，店員と客なのかなど，話し手の関係を確認しましょう。

E   What are they doing?

What are they trying to do?／What do they want to do? など尋ねることができます。Are they talking about where to go?／Is the man asking about what time to meet? など具体的に例示しながら尋ねてもよいでしょう。

F   Where are they talking?

Where is this conversation taking place? At a station or an airport? と尋ねてもよいでしょう。会話の場所について確認することも必要な場合があります。場所が特定できれば，会話の内容について予想することもできます。

発問を使ったやり取り

　教科書の会話を聞かせて，大まかな情報を聞き取らせる発問を使った授業展開を見てみましょう。次の会話を生徒に初めて聞かせる前に，次のように大まかな情報をつかませる発問をしてから，会話を聞かせます。

This is a conversation between Takashi and Hanae. What are they talking about? Let's listen.

Text 1 （開隆堂出版『Sunshine 2』　平成9年度版より）

Takashi : Hello, Hanae. Today I want to ask you about your *kendo* club activities. How many members does your club have?

Hanae : 　Twenty.

Takashi : How many tournaments do you usually have each year?

Hanae : 　Five. Last week we had the fifth tournament.

Takashi : Already? Did you win?

Hanae : 　Well, we won second place.

Takashi : Great! Well, thank you very much, Hanae.

　会話を聞かせたら，この問いに答えさせる前に，次のようにクラスで確認してみるのもよいでしょう。（以下，T は教師，S は生徒を表しています）

〈パターン1〉

T　What are they talking about? Discuss with your partner.
S　〈ペアで互いの考えを話す〉
T　Do you have any ideas? Raise your hand, Mr. Suzuki.

- S: They are talking about club activities.
- T: Good.

聞くことの指導

〈パターン２〉
- T: What are they talking about? What words did you hear? Did you hear any keywords?
- S: *Kendo* club.
- S: Members.
- S: Tournaments.
- T: *Kendo* club, members, and tournaments. Very good.
- T: So what are Takashi and Hanae talking about? What is the topic of the conversation?
- S: Club activities.
- T: That's right. They are talking about club activities.

このように，話題について全員で確認してキーワードを押さえておくことで，ポイントを聞き取ろうとする力を身につけさせることができます。

発問のポイント

テキストで述べられている事実を確認するような発問は，事実発問（fact-finding questions）と呼ばれます。リスニング指導やリーディング指導の中で，テキスト内容を正確に理解させるためには欠かせない問いです。発問のポイントとしては，概要をつかませる簡単な事実発問をしてから，詳しい情報をつかませる事実発問をするといった順序で尋ねることです。多くの生徒が参加できるように簡単で大まかな情報を尋ねる発問からはじめるとスムーズに進めることができます。

Q Question コーナー

1. 話題を尋ねても答えが出ない場合どうすればよいですか？

> What are they talking about?

英語で尋ねても生徒から答えが出ない場合には，聞き取ることができた語句を生徒に尋ねたり，選択肢を与えたりして工夫しましょう。

☐ 聞き取ることができた語句を答えさせる
What are the keywords? What words did you hear? Tell me the words. Any words are OK. (*Kendo*, club activity, members, tournaments)

☐ 選択肢を与えて答えさせる
What is the topic? There are four choices.
a) Homework, b) Club activity, c) Hobby, or d) Free time.
If homework is the main topic, raise your hand. How about club activity?

---

2. 新出単語の確認を英語で行うにはどんな方法がありますか？

> Now let's check the new words in the conversation. These words will help you understand the conversation better.

"win", "the fifth", "tournaments", "each" "year", "already" を見ます。

☐ 具体的な場面を与える（win）

When you play *janken*, you win or lose. The past form is won.〈ジャンケンをして見せて〉I won *janken*. I am the winner.

☐ ジェスチャーをする（the fifth）

〈指を折って見せながら〉We count one, two, three, four, five. In a race we say first, second, third, fourth, and fifth. We won first place in the sports festival. We won second place in the chorus contest.

☐ イラストを描く（tournaments）

Tournaments are games where a lot of teams play.〈黒板にトーナメント表を描きながら〉This team plays against this team. If they win, they go on to the second match. This is the tournament.

☐ 具体例を提示する（each year）

How many months are there in each year? There are twelve months in each year.

☐ 典型的な例文を提示する（already）

It's already December! I have to write New Year's cards. It's already the end of the year.

2 詳細な情報を聞き取らせる発問

授業で育てたい力

・日常的な話題について英語を聞いて，詳細な情報を正確に聞き取ることができる。
・目的に応じて自分が必要とする情報を聞き取ることができる。

ここに着目！

- A 誰が？
- B いつ？
- C どこで？
- D 何を？
- E なぜ？
- F どのように？

→ 詳細な情報を聞き取ろう

　大まかな情報を聞き取ることができたら，さらに詳しい情報を聞き取らせましょう。様々な疑問文を使いながら必要な情報を得られるように導いていきます。

こんな発問をしてみよう

A Who is going to buy the ticket?

　Who won the game? /Who did she meet? /Who will he go with? のように，会話に出てくる人物を押さえ，話の展開を理解させます。

B When are they going to meet?

　What time does he usually get up? /What time will the meeting start? のように時間に関する具体的な情報を正確に聞き取らせます。

C Where did the woman go last weekend?

　Where did the girl find the bottle? /Where do they live? /Where should the man go? テキストの重要な場所を確認しておくことも大切です。

D What did the man do?

　What happened to the man? /What is the problem for them? /What does the man have to buy? など，人物の行動や出来事を具体的に尋ねることも大切です。

E Why did the man go to the supermarket?

　Why did the woman say, "Thank you"? /Why is the woman surprised? /Why did the man get angry? のように人物の感情，態度，行動の理由を尋ねることもできるでしょう。

F How do they go to the library?

　How many books did the man buy? /How long did it take? /How often does the woman go there? のように，数や量，時間の長さ，頻度や程度を尋ねることもできます。話題にあがった事柄を具体的に尋ねます。

発問を使ったやり取り

では，先ほどの Takashi と Hanae の会話を使って，次に教師が何を尋ねるとよいか考えてみましょう。

> T What club does Hanae belong to?
> S *Kendo* club.
> T Right.

まず，Hanae が何部に入っているのかを尋ねています。この会話を理解するために欠かせない基本的な情報を尋ねることは大切です。

この会話には数字が多く出てきます。そこで，次の発問では，この会話の重要な情報である twenty と five に着目し，それらが何の数字であるかを生徒に尋ねています。

> T What numbers did you hear?
> S Twenty.
> S Five.
> T Right. "Twenty" and "five". Then what is the number, "twenty" about?
> S Members of the club.
> T Great. What question did Takashi ask?
> S How many members....
> T Good. How many members does your club have?
> S 17 members.
> T Right. There are 17 members.

> T How about "five"? What is the number "five" about?
> S Tournaments.
> T Right. "Five" is the number of the tournaments.
> T Five tournaments in one month, or in one year?
> S In one year.
> T What question did Takashi ask?
> S How many tournaments do you have each year?
> T Very Good. Takashi asked "How many tournaments do you have each year?"

　この発問にうまく答えられない生徒が多いようであれば，上のやり取りのように，何の数字であるかを考えさせるために，Takashi は Hanae に何と英語で尋ねているか生徒に確認するとよいでしょう。会話の中で Takashi は，How many members does your club have? や How many tournaments do you usually have? と尋ねていることから，部員の数と試合の数を尋ねていることがわかり，2つの数字は，それぞれ部員と試合の数であると気づかせることができます。

発問のポイント

　詳細な事実を確認していくための発問では，誰が（who），いつ（when），どこで（where），何を（what），なぜ（why），どのように（how）など具体的に尋ねていきましょう。詳細な事実発問を尋ねる際には，どの情報をどの順番で尋ねるかといった発問の順番も重要です。原則としては，テキストに出てくる順番で情報を尋ねるとよいでしょう。

聞き取ったことをもとに推測させる発問

授業で育てたい力

・英語で聞き取ったことをもとに話し手の意向を推測しながら，メッセージの内容を正確に聞き取ることができる。

ここに着目！

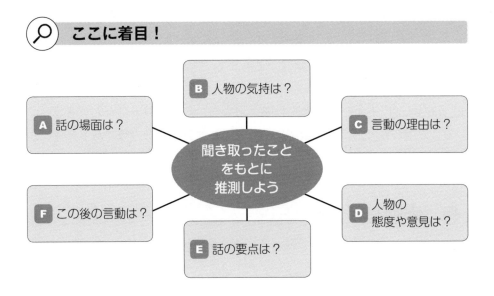

聞き取ったことをもとに推測しよう
- A 話の場面は？
- B 人物の気持は？
- C 言動の理由は？
- D 人物の態度や意見は？
- E 話の要点は？
- F この後の言動は？

　詳細な情報を尋ねる発問に答えさせ，ある程度内容を理解させることができたら，話の要点や目的を聞き取らせたり，その理由や背景を考えさせたり，どのように登場人物が判断し行動するかを推測させたりしましょう。

こんな発問をしてみよう

A　Where are they talking?

Where do you usually hear this type of announcement? 場所が述べられていない場合，英文中の語句をヒントに場所を推測させます。

B　How did the man feel?

Was he happy? Angry? Sad? Disappointed? Guess his feeling. のように選択肢を生徒に与えながら，推測を促してもよいでしょう。

C　Why was the woman surprised?

Why did the man choose the book? 話し手の言動や感情の理由が直接述べられていない場合，その理由について尋ねることで，会話の全体や細部を注意して聞く必要が出てきます。

D　What is the woman like?

Do you think she is active? Is she kind? Honest? Nervous? What is the woman's personality? 選択肢を生徒に与えて答えさせてもよいでしょう。話者がどのような人か，その人がどのような性格かを推測させる問いです。

E　What did the man want to say?

What was the point of the talk? Let's think about it in pairs. のように話し手が結局何を伝えたかったのか要点をペアで考えさせてもよいでしょう。

F　What are they going to do next?

Are they going back home? /Are they going to the park? /What is her next action? のように選択肢を与えてもよいでしょう。その後の話し手はどう行動するか，その後何が起きるか，その話の続きを考えさせます。

発問を使ったやり取り

引き続き，Takashi と Hanae の部活動についての会話文で考えてみましょう。再度この会話を聞かせる場合どこに着目して聞かせるでしょうか。

この会話には，twenty と five 以外にも数字が出てきます。部員数と試合数のほかに序数である the fifth と second です。そこに着目すると次のように尋ねることができます。

Why did Takashi say, "already"? Think about the reason.

ここでは Takashi が驚いた理由を尋ねています。この問いに答えることが難しい生徒が多い場合には，次のような教師と生徒とのやり取りで進めるとよいでしょう。

- T Why did Takashi say, "already"? Think about the reason. Let's listen to the conversation again. 〈会話を再度，聞かせる〉
- T How did Takashi feel when he said, "already"?
- S ……
- T Was he sad, happy, or surprised?
- S Surprised.
- T Yes, he was surprised.
- T Why was he surprised? How many tournaments do they have each year?
- S Five.
- T Right. They have five tournaments each year.
- T What did Hanae have last week?
- S The fifth tournament.

> T　The fifth tournament. First, second, third, fourth, and fifth. They have five tournaments each year and they had the fifth tournament.
> T　Why did Takashi say, "already"?
> S　Because it was the last tournament.
> T　How was the last tournament? Did she win?
> S　Second place.
> T　Yes, she won second place in the last tournament.

　このようなやり取りを通して，生徒に考えさせ気づきを促し，答えに導いていきましょう。会話の中で Takashi が Great! と言っていますが，その場合，second place の意味に着目してその理由を考えさせるとよいでしょう。

　このように，基本的な情報を聞き取らせるだけでなく，会話の中での話者の気持ちが表れているところに着目して発問をすることで，何度も英文を聞かせることができると同時に，詳しい情報について注意深く聞き取らせる練習の機会を作り出すことができます。

発問のポイント

　本文で直接述べられていない事柄を尋ねることで，異なる角度から考えさせることができます。テキストに直接述べられていない情報を推測させる発問は，推論発問（inferential questions）と呼ばれます。推論発問では，話を行っている場所，話し手の意向，気持ち，性格，その後予想される展開などを生徒に推測させます。ただし，推論をするためのヒントがテキストの中に必ずある必要があります。ヒントをもとにして推論発問に答えさせることで，目的をもって音声に触れさせる機会をさらに作り出すことができます。

Q Question コーナー

1. 尋ねてもすぐに答えが出ないときにはどうすればよいですか？

推論発問は，発展的な問いのため，尋ねてもすぐには生徒から答えが出ない場合があります。そのような場合には，補助発問をしたり考えるヒントを与えたり，答えを選択肢として提示したりして考えさせていきます。次の発問で考えてみましょう。

> Why did Takashi say, "already"? Think about the reason.

☐ 補助発問やヒントを与える

How many tournaments do they have each year?
(Five.) What did Hanae have last week? (the fifth tournament.)

☐ 選択肢を与えて考えさせる

Now I'll give you three options. Choose one of them.
He was, a) sad, b) surprised, or c) angry.
Which do you think is correct?

2. 様々な答えが出たときにはどう対応すればよいですか？

　推論発問は生徒に考えさせる問いのため，生徒からは異なる答えがいくつも出てくる場合があります。そのような場合，生徒から出てきた考えは大切にしながら，クラス全体で確認し，考えを深めていく過程を共有しましょう。

□　考えをクラス全員で確認する

　Now we have different ideas. Ms. Sato thinks he was sad. And Mr. Tanaka thinks he was surprised. Who thinks he was sad? Raise your hand if you think he was sad. Who thinks he was surprised? Raise your hand if you think he was surprised.

　Well, he might have been sad, but in this case the answer is he was surprised. How do you know the answer?

④ 概要や要点を把握し，英語で説明させる発問

授業で育てたい力

・社会的な話題について説明の要点を把握し，その内容を英語で説明することができる。

ここに着目！

- A 最も重要なことは？
- B 一貫した内容は？
- C 内容を要約すると？
- D 内容に対する意見を述べる
- E 人物の態度や意見について考えを述べる
- F さらに発展させると？

（中央）概要や要点を把握し説明しよう

　概要とは話の内容の大筋であり，要点とは話し手が伝えようとしている最も重要なことです。概要や要点を把握し整理したり，自分の言葉で要約したり，意見や考えを英語で述べたりする発問を見てみましょう。

こんな発問をしてみよう

A What is the most important point in his talk?

What is the good news? /What was the main point of the announcement? /What does she think we should do? Can you say it in English? 話の要点や聞き取った内容を生徒の言葉でまとめるよう促します。

B What was the main idea of the speech?

Did you get the main idea? What does the speaker want to say? /Does the man agree or disagree with the idea? Why does he think so? と続け，一貫した内容に対する話し手の態度を尋ねてもよいでしょう。

C What do we learn about the temple?

What did we learn about the city? 聞いた内容を簡単に要約させます。その場合，キーワードを提示しながら要約させると取り組みやすくなります。

D What do you think about the idea?

Do you think it is a good idea? 聞いた内容について生徒の考えを尋ねます。自分の意見を簡単な英語で述べることに日頃から慣れる必要があります。

E Do you agree with the speaker's opinion?

Do you agree or disagree? /Whose opinion do you agree with? And why? 聞き取った内容について賛成か反対かを尋ねたり，複数の意見のうちどの意見に賛成かを尋ねます。

F How can we solve the problem?

Discuss your ideas with your partner (in your group). 話題に上がった問題を解決する方法をペアで考えさせるのもよいでしょう。

Chapter 2　4技能・5領域別発問づくり　39

発問を使ったやり取り

ここでは，次の英文を聞いた後の，発問を使った教師と生徒のやり取りを考えてみましょう。

Man : I read an interesting article in the newspaper this morning.
Woman : What was it about?
M : Scientists found that people eat more when they use large bowls. Can you imagine what happens if they use smaller bowls?
W : Do they eat less?
M : That's right.
W : Interesting!

T　What is the main idea of this talk? What do you think?
S　……
T　What is the man talking about? Did you hear any keywords?
S　Food.
S　Bowls.
T　Good. What did the scientists find out? Anybody?
S　People eat less food if we use small bowls.
T　Very good. People eat less food if we use small bowls. The talk is about one of the ways that we can eat less food.
T　What do you think about this idea?
S　It's a good idea.
T　Why do you think so?
S　I want to be healthy.
T　Do you use large bowls?

S: Yes, I use large bowls at home. For me, large bowls are more useful because we don't have to wash so many dishes after dinner.
T: That's a nice idea, too.

発問のポイント

ここでは、ただ単に聞いた内容を確認するだけではなく、生徒に聞き取った内容の要点を捉えさせて、その要点について生徒がどのように考えるかを引き出しています。テキスト内容に対する生徒自身の意見や考えを尋ねる問いは、評価発問（evaluative questions）と呼ばれます。

一つの話題に沿って話された一貫した内容を捉えるためには、話し手が最も伝えたいことは何であるのかを全体を通して捉える必要があります。すぐには話の要点を捉えることができない生徒が多いようであれば、何度も英文を聞かせ、補助発問を使いながら、話し手が何を伝えようとしているのかを生徒から引き出しましょう。

さらに、生徒の考えを引き出せるようなトピックの場合には、内容の聞き取りの活動のみで終わらせず、生徒と英語でのやり取りにつなげることも大切です。即興でのやり取りで生徒の意見や経験などを引き出すコツは、本書の「話すこと（やり取り）の指導」で詳しく見ることにします。

読む力を育成する
発問を考える前に

　教材研究をせずに，発問をいきなり考えることはできません。教材の特徴を教師自身が理解したり，授業目標を明確にしたり，生徒の実態について考えたりする中で，目的を意識したよい発問を考えることができます。そのポイントを順に見ていきましょう。

　第1に，教材の特徴を捉えましょう。一読者として，目の前の英文を読んでみましょう。ワンレッスン分の英文があれば，すべての英文を通して読むことが大切です。テキストタイプは何でしょうか。物語文なのか説明文なのか，それとも会話文なのかによっても，それぞれ扱い方が異なります。次に，そのテキストの主題を捉えます。最終的に，生徒が何を読み取ることができれば，そのテキストが読めたことになるのかを考えます。

　第2に，授業目標を考えます。物語文の読みでは，登場人物と出来事を正しく理解し，物語の主題を読み取ること，などが目標として考えられます。また，説明文の読みでは，具体例を正しく理解し，メッセージを読み取ること，などが目標として考えられます。どのような力を身につけさせたいかを具体的にイメージします。

　第3に，生徒の実態について考えてみましょう。どのような生徒がクラスにいるのか，どのような導入だと目を輝かすか，発問をした場合どこでつまずきそうか，どのようなサポートが必要か，何をどう問えば理解が進むのかを，生徒の立場に立って教師自身がシミュレーションしてみます。

　短時間でも，これらのことを考えた上で発問づくりに移りましょう。

☐ 教材の英文を通して読んでみましょう。

1　英文のテキストタイプは何ですか？

　　☐ 説明文　（目的は？　　　　　　　　　　　　　　　）

　　☐ 物語文　（出来事は？　　　　　　　　　　　　　　）

　　☐ 対話文　（場面は？　　　　　　　　　　　　　　　）

2　テキストの主題（重要なメッセージ）は何ですか？

3　生徒にどんな力を身につけさせたいですか？

4　テキストの内容と生徒を結びつけるポイントは何ですか？

読むことの指導

1 導入で生徒の興味・関心を高める発問

 授業で育てたい力

・テキストが扱う話題やテーマに対する興味・関心を高める。
・テキストのメッセージを主体的に読み取ろうとする態度をもつ。

🔍 **ここに着目！**

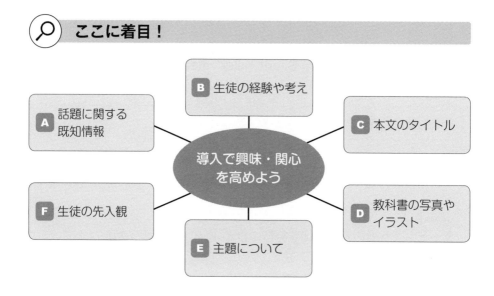

　英文を初めて読ませる段階の導入においては，テキストが扱うトピックと生徒を結びつけることは深い理解や思考を導く上で効果的です。そのためにも，トピックと生徒がどのように関連しているかを考え，導入での発問を工夫し，生徒の興味・関心を高めましょう。

こんな発問をしてみよう

A **Do you know this movie (person, song)?**

What do you know about him? /Do you know the title of the song? / What do you feel about the song? And why? 映画のパンフレットや人物の写真を見せ知っていることを尋ねたり，歌を実際に聞かせて歌のタイトルや感想を尋ねたりしてもよいでしょう。

B **Have you ever seen *rakugo*?**

When did you see *rakugo*? /Do you know any *rakugo* performers? /Have you seen *rakugo* on TV? など，テキストで扱われている話題に関連した生徒の経験の有無を尋ねクラスで共有します。

C **What does the title, "Silent Killer" mean?**

What's the title of this lesson? What does it mean? 本文のタイトルの意味を生徒に考えさせるとテキストを読む動機づけができます。

D **Look at this picture. What can you see in this picture?**

What are they doing? What do you see? 英文を読む前に，教科書の写真やイラストとテキスト内容を関連させるウォームアップができます。

E **What is happiness?**

What is important for your life? /What is friendship? /What is passion? / Do you have a dream? What is your dream? のように主題を尋ねます。

F **Bananas are vegetables. Is it true or false?**

How many colors are there in rainbows? テキストで扱われている題材について，生徒の先入観や予想を述べさせてから，真偽を確かめさせます。

Chapter 2　4技能・5領域別発問づくり　45

発問を使ったやり取り

　初めての英文を生徒に読ませるときに，どのような発問をすれば，トピックに対する生徒の興味・関心を高めることができるでしょうか。ここでは，手話を扱った英文テキストを生徒に読ませる前の発問例を見てみましょう。

I'll show you three different signs. Guess the meanings of the signs. Are you ready?

　手話をテーマにした説明文の導入において，教師が生徒の前で手話を実演し，何と伝えたかを推測させています。生徒は，何が始まるのか興味をもって見るはずです。日頃，手話について考えたことのない生徒たちでも，とてもスムーズにその話題に入ることができます。この教師の導入は，後に読んでいく本文テキストのメッセージ理解に深くつながっていきます。
　別の例を見てみましょう。日本の文化が，フランスの文化に与えた影響に関する説明文の導入での発問例です。

Look at the picture. Have you ever seen this picture? Who painted the picture? Can you guess?

　この説明文で記載されているゴッホの有名な絵画「ひまわり」の拡大コピーを見せながら，この絵を見たことがあるかどうか生徒に尋ねています。有名な絵のため，多くの生徒がどこかで見たことがあるはずです。どこでこの絵を見たことがあるのか，この絵が好きかなどを尋ねて英語でやり取りをしながら，テキストに入ってくとスムーズに進めることができます。
　もう一つ導入での発問例を見てみましょう。アメリカの公民権運動のきっ

かけとなった女性の逸話を扱った英文の導入発問です。

T What can you see in this picture?（リンカーン記念公園に集まった群衆の写真を見せながら）
S People?
T Yes. You can see a lot of people. How many people were there? Can you guess?
S One thousand.
S Two thousand.
T Well. There were about two hundred thousand people. Why were there so many people? Let's read the text.

発問のポイント

　導入段階では，発問を使って英語で生徒とやり取りしながら，テキストを読む動機を高めます。導入における発問づくりのポイントは，テキストの話題や主題に関連したシンプルな発問を使って，時間をかけすぎずに導入をすることにあります。

2 大まかな情報を読み取らせる発問

授業で育てたい力

・英語で書かれたものから大まかな情報を読み取ることができる。

ここに着目！

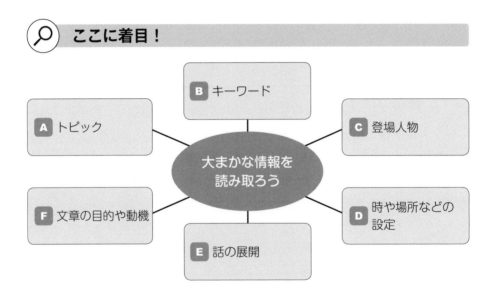

読むことの指導においても，聞くことの指導と同様に，いきなり細かい情報を読み取らせるのではなく，大まかな情報を読み取ることから入りましょう。大まかな情報をつかむことで，テキストを読む見通しを立てることができると同時に，詳細について読み進める動機を高めることができます。

こんな発問をしてみよう

A What is the topic?

What is the text about? /What is the theme of the story? と言い換えたり，主題を尋ねたりしてもよいでしょう。テキストを読ませる前に問いかけると，生徒は集中して読み取ります。

B What are the keywords in the story?

What words are used many times? /What are the important words? Raise your hand when you find the keyword. と尋ねてもよいでしょう。何度も出てくる重要語句を考えさせながらテキストを読ませます。

C Who are the characters in the story?

How many people are there in the story? Who are they? /What is the name of her father? と尋ねてもよいでしょう。とくに物語文の場合，登場人物が誰かを確認することは正しい理解のために必要です。

D When (Where) is the story set?

Can you find the number of a year (the name of a place)? 時代や場所について確認することはテキスト内容を正確に理解するためにはとても大切です。

E What happened to the woman?

What is the problem for the woman? と尋ねてもよいでしょう。話の大まかな出来事を押さえ，話の展開を理解させます。

F What is the purpose of the text?

To show the secret of the island? のように，テキストが書かれた目的について確認しておくと，その後の具体例など詳細が読みやすくなります。

発問を使ったやり取り

では，大まかな情報を読み取らせる発問を見てみましょう。ここでは，Kumiが手話について話している次の英文をもとに考えます。

Text 1 （三省堂『New Crown 3』 平成17年度版より）

I'm studying sign language. Through this study, I learned signs. But I learned much more.

I learned that sign language is not about just signs. For example, my teacher taught me how to sign the word 'happy'. My hands were in the right place, but other students couldn't understand me well. My teacher said, "Smile when you sign 'happy'. Then people will understand you better."

From this, I learned that facial expressions and gestures are important for communication.

この英文で，何を生徒に尋ねるでしょうか。次の発問を見てみましょう。

What is Kumi studying now? Let's read and find the answer.

英文の話題である手話について尋ねています。大まかな情報を尋ねる発問からはじめることで，英語の苦手は生徒も授業に参加させることができます。生徒の中には，トピックを見つけることができない生徒もいます。そのような場合には，以下のような生徒とやり取りしながら，情報をつかませていくとよいでしょう。

What words did you see many times?

　テキスト中に何度も出てくる語や重要と思われる語を尋ねています。キーワードを見つけることは，英文を理解する上で重要なステップの１つです。

What is the topic of the text? Which is correct?
　(a) Many kinds of sign languages
　(b) Important things in sign languages
　(c) History of sign languages

　テキストの話題について尋ねています。生徒にとって難しい場合には，選択肢を与えれば参加しやすくなります。

 発問のポイント

　読みの指導の最初の段階では，登場人物の行動などを押さえたり，文章のトピックや文章中の重要なキーワードなどを選ばせたりしながら，英文の大まかな内容の理解から少しずつ詳細な情報を理解させていき，徐々に英文を理解できるように導いていくことが大切です。

詳細な情報を読み取らせる発問

🌱 授業で育てたい力

・英語で書かれたことから詳細な情報を正確に読み取ることができる。

🔍 ここに着目！（説明文の場合）

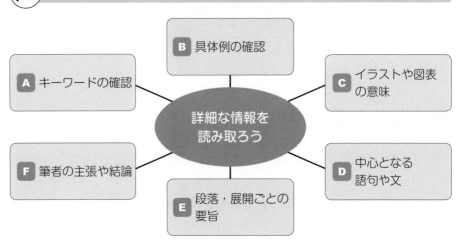

　大まかな情報を読み取ることができたら，今度は，詳細な情報を正確に理解させます。テキストを理解するために，何を理解すればよいかを精選して発問を考えます。次に，説明文と物語文における発問の具体例と，問いの形以外の応用型の発問例を見てみましょう。

こんな発問をしてみよう（説明文の場合）

A　What are the keywords of the text?

Let's find the keywords related to the topic of the text. Raise your hand when you find the keywords. 話題に上がっている重要なキーワードを見つけさせます。

B　What is the first example of a universal design?

How many examples are there? What is the second example of a universal design? など，具体例の数を尋ねたり具体例を順番に尋ねたりするとよいでしょう。話題に関連して何が具体例として挙がっているか尋ねます。

C　What does the illustration mean?

What does the table (figure) show us? イラストや図表などテキスト以外の情報が，本文内容と照らし合わせてどのような意味をもつかを尋ねます。

D　What is the most important sentence?

Let's find the most important sentence in this paragraph. のように，説明文の中で最も重要な語句や文を見つけさせます。

E　What is the main idea of the first paragraph?

Can you find a sentence that includes the main idea of the paragraph? のように尋ねてもよいでしょう。段落ごとの要旨を尋ねます。

F　What does the writer want to say?

What is the conclusion of the text? Think about it with your partner (in groups). などのように主張や結論をペアで考えさせてもよいでしょう。

🔍 ここに着目！（物語文の場合）

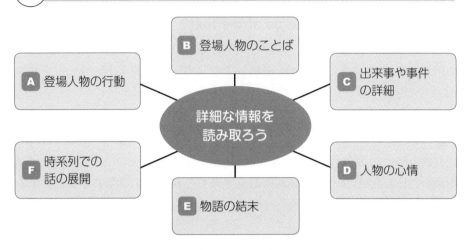

 テキストタイプが物語文の場合も，説明文と同じように，詳細な情報を正確に理解させます。登場人物の言動を押さえたり，出来事や事件の詳細や人物の心情やその変化を確認したり，物語の結末について発問していきます。それでは，物語文での発問例を具体的に見てみましょう。

こんな発問をしてみよう（物語文の場合）

A What did the man do?

　What did the boy ask the man?/ What did the girl do after that? 登場人物が具体的に何をしたのかを確認していきます。

B What did the boy say after the man asked the question?

　Who said, "really"? と誰が言ったか人物を尋ねる場合もあるでしょう。エピソードの中の登場人物のセリフが重要となる具体的な言葉を押さえます。

C What happened to the man?

　What is the problem for them? と問題を尋ねてもよいでしょう。物語の中心的な出来事の詳細について確認します。

D What did the man feel at the time?

　What did the woman feel when she said so? のように具体的な時点での気持ちを尋ねることもできるでしょう。エピソードの中の登場人物の気持ちを確認します。

E What happened to the man at the end?

　What did the man do after that? /What did the man think about? のように登場人物がどうしたかや何を考えたかなど物語の結末を尋ねましょう。

F What happened? Let's make a timeline of the story.

　Let's read the story again. What happened to her? Let's put the pictures of the story in order. 時系列で表に出来事を記入させたり，物語の絵を順に並べさせたりすると，話の内容を思い出しやすくなります。

発問を使ったやり取り

　大まかな情報を確認できたら，次に，英文内容を正しく理解することが目標となります。正確に内容を理解するために，Kumi が手話を学んだエピソードの英文を使って，どのような発問が必要となるか見てみましょう。

(1) **Who taught Kumi sign language?**
(2) **What word did she learn?**
(3) **Did the other students understand Kumi's sign?**
(4) **What advice did her teacher give Kumi?**
(5) **What did Kumi learn from her experience?**

　Kumi のエピソードを理解するためには，誰が何をしたのか，その結果どうなったのかなどの詳細な情報を正確に押さえ，エピソードを具体的にイメージできるように導いていく必要があります。次のやり取りを見てみましょう。

T　Who taught Kumi sign language?
S　Teacher.
T　Yes. Kumi's teacher taught her sign language.
T　What word did Kumi learn?
S　……
T　An English word. What is the word?
S　Happy.
T　Happy. That's right. Kumi learned, "happy" in sign language.
T　Did the other students understand Kumi's sign?
S　……

- T　Yes or No? Share your opinion with your partner.
- T　Who thinks, "Yes"? Who thinks, "No"?
〈生徒はどちらかに手を挙げる〉
- T　Right. The right answer is, "No". Kumi's friends could not understand Kumi's sign.
- T　What advice did the teacher give Kumi? What did the teacher say to Kumi?
- S　"Smile when you sign happy."
- T　Very good. The teacher said, "Smile when you sign happy."
- T　What did Kumi learn from her experience?
- S　She learned that facial expressions and gestures are important for communication.
- T　Very good.

　この例では，教師が生徒の発話を繰り返しています。英語学習の初期段階では，このように再確認するために繰り返すのはよい方法です。生徒の答えがすべての生徒に十分聞こえるようであれば，繰り返さずに進めてもよいでしょう。

発問のポイント

　テキストの詳細な情報をつかませるために，事実発問を用いてテキストに直接書かれている事実について英語で尋ねています。上記の教師の生徒とのやり取りの中で見て取れるように，生徒がテキストの英文を使って教師の問いに答えることができるように工夫すれば，苦手な生徒であっても問いに英語を使って答えることができます。そのためにも，あまり複雑な問いにするのではなく，生徒が答えやすくなるような尋ね方を工夫しましょう。

Q Question コーナー

1. 発問形式にはどのようなものがあるのでしょうか？

テキスト理解を無理なく導くためには，生徒にとってどのような発問形式が適切かをよく考えて発問を考えることが大切です。同じ発問でも，次のような異なるパターンが考えられます。では，次の発問をもとに考えてみます。

How did Saki feel at first?

☐ 選択肢を与える

How did Saki feel, a) sad, b) angry, or c) happy?
Which is correct? What do you think?

☐ 二者択一の選択肢を与える

She was angry. Is it true or false?

☐ テキストの具体例を見つけさせる

Find examples to show Saki was happy in the text.

☐ 空欄を埋めさせる

Fill the blank in the sentence based on the text.
Saki was very (   ) at the beginning of the story.

2．発問は問いの形だけなのでしょうか？

　発問は，問いの形だけではありません。図表の空所を埋めさせたり，語句を線で結ばせたりする形にすることもできます。様々な工夫をしてみましょう。

□　表の空所を埋めさせる
Fill the blanks in the table. Find Saki's feelings based on the text.

		Saki's feelings
1	when she met a boy	happy
2	when she had a problem	( )
3	when she left the town	( )

□　図の空所を埋めさせる
Fill in the chart. What is universal design?

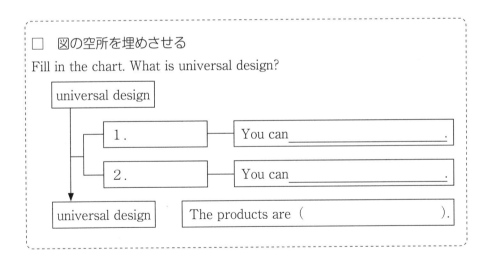

☐ 語句を線で結ばせる

Draw lines to match the words.

1. Marathi ·　　　　· the British
2. Hindi　 ·　　　　· bandanna and shampoo
3. English ·　　　　· western India

☐ 年表を埋めさせる

Fill the blanks to make a time line.

1955	_____ started.
1956	_____ were changed.
1963	Dr. King _____ at the Lincoln Memorial.
1964	Dr. King _____ .
1968	Dr. King _____ .

☐ 順番を考え数字を書かせる

Write the numbers as it happened.

Sadako went into hospital.	
A statue of Sadako was built.	
Sadako was selected as a member of the relay team.	1
An atomic bomb was dropped over Hiroshima.	2
Sadako became sick.	

☐ グラフを描かせる

How many hours do the animals sleep? Complete the bar graph.

- Cats
- Dogs
- Horses
- Lions
- Giraffes

0　4　8　12　16　20

☐ 語句を選ばせる

Select the words to complete the table.

	Options
1. Use of the robot	(a) rescue people, (b) clean rooms, (c) take care of children, (d) carry people
2. Size of the robot	(a) about the size of a car, (b) about the size of a human, (c) about the size of a cat

☐ 予想させて確認させる

Predict the answers of the True or False Questions.

	Predictions	Results
1. Only male mosquitoes bite.	T / F	T / F
2. Mosquitoes bite anyone.	T / F	T / F
3. Mosquitoes can live for a week.	T / F	T / F

3. パラグラフの関係に生徒の意識を向け，論理的に英文を理解させたい場合どうすればよいでしょうか？

説明文の内容をある程度理解した段階で，生徒に論理構成を意識させながら，内容を理解させる方法を以下に見てみることにします。

☐ パラグラフの数を確認する

T　How many paragraphs can you find in this text? Let's count together.
S　〈数を数える〉There are three paragraphs.

☐ パラグラフの内容とそれらの関係を確認する

T　There are three paragraphs in this text. What is the first paragraph about? Yes, it is about the introduction of universal design.
T　How about the second paragraph?
S　Examples of universal design.
T　Yes. The second paragraph is about the examples of universal design.
T　How about the third paragraph?
S　The good points of universal design.
T　Very good. The third paragraph is about the good points of universal design.

□ 言い換えになっている語句を確認する

What product is the writer talking about in the 9th line? Circle the number of the right words.

　1．the plastic bottle　　　2．the ramp by the stairs
　3．the wheel chair　　　　4．the stroller

□ 文中の指示語について確認する

What is "it" about in the 2nd line? Which is true?

　1．universal design　　　2．the plastic bottle
　3．a special shape　　　　4．the picture

④ テキストに書かれていない情報を推測させる発問

🪴 授業で育てたい力

・テキストには書かれていない情報を推測しながら，内容を深く読み取ることができる。

🔍 ここに着目！

- A 登場人物の言動の意図
- B 人物の具体的な心情
- C 登場人物の行動やセリフ
- D 語句や表現の選択の意図
- E 文章全体の要約や主題
- F 筆者の態度や意見

書かれていない情報を推測しよう

　詳細な情報をつかむことができたら，テキストをさらに深く理解させるために，テキストに直接書かれていない情報を推測させるような発問をしてみましょう。テキスト全体を繰り返し読ませることができると同時に，読みに対する動機を高めることもできます。

こんな発問をしてみよう

A Why did she go to her grandparent's house again?

Can you guess the reason? Think about the reason with your partner. 登場人物の行動の理由について前後関係から読んで考えさせます。

B What did Kumi probably feel?

Was she sad? Happy? Surprised? Nervous? Guess her feeling. /Why did Kumi feel nervous? 直接書かれていない登場人物の心情を書かれている事柄から推測させます。具体的に気持ちの理由を尋ねてもよいでしょう。

C What will Kumi probably do after that?

What will the girl probably say after that? /Why did she say "It's difficult"? テキストには書かれていない登場人物のセリフを考えさせてもよいでしょう。

D Why did she say, "sorry"?

Why is the word, "smiled" used in the sentence? /Why are italics used in the sentence? 語句や表現が使われている理由を尋ねることで話し手の目的や筆者の狙いについて考えさせます。

E What is the most important lesson she learned?

What is the most important point? 登場人物が出来事から学んだことや教訓，主題を捉えさせます。

F What does the writer want to say?

What does the writer want us to understand? /Does the writer agree with the rule? 筆者の主張や立場を考えさせるとよいでしょう。

発問を使ったやり取り

　テキストの事実についての基本的な情報を正確につかむことができたら，今度は，テキストを深く読ませていきましょう。引き続き，Kumiが手話を学んだエピソードの英文をもとに考えます。

　手話の体験学習からKumiが学んだことを生徒に具体的に理解させるには，どのような発問が考えられるでしょうか。

What facial expression did Kumi have when she signed, "happy"?

　Kumiがどのような表情で手話のサインを友達の前でしていたかは，テキストには書かれていません。しかし，これはテキストの要旨を理解するための重要な部分です。この問いに生徒がどう答えてよいかわからない場合には，教師は次のようなやり取りのように選択肢を与えてヒントを出すと答えやすくなります。

T　What facial expression did Kumi show when she signed, "happy"? What do you think?
S　……
T　I'll give you some options. Which facial expression did Kumi show?
〈以下のような黒板に描く〉

66

| T | What do you think? Can you choose one?
| S | C.
| T | Do you agree with her?
| S | Yes.
| T | You are right. C is correct. Kumi had no facial expression. She did not smile. How did you know Kumi did not smile?
| S | The teacher said, "Smile when you sign happy."
| T | Very good. Kumi's teacher advised her to smile when she signed, "happy".

では，次の発問を見てみましょう。発問7に続く推論発問です。

発問8

Why didn't Kumi have a smile when she signed, "happy"?

この問いに答えるためには，Kumiが経験している場面をKumiの立場になって理解できているかどうかがポイントとなります。次のようなやり取りができるでしょう。

| T | Why didn't Kumi smiled when she signed, "happy"?
| S | Because she was focusing on the sign.
| T | She was concentrating on the sign. So she didn't have a smile when she signed, "happy". Very good. Do you have any other ideas?
| S | Maybe she was a little nervous.
| T | She was a little nervous. So she didn't have a smile. Maybe it's true.
| S | First time for Kumi.
| T | This is her first time to sign in front of people. You have a very good imagination!

Chapter 2　4技能・5領域別発問づくり　67

Why are facial expressions important when we use a sign language?

> T: Kumi learned facial expressions are important when we use a sign language. Why are facial expressions important? Think about this question based on the text.
> S: ……
> T: I'll give you time to discuss this question with your partner.
> 〈ペアで考える時間をとる〉
> T: Now what do you think? Why are facial expressions important when we use sign language?
> S: Happy と伝える際に表情がないと伝わらなかったから。
> S: 表情と手話の内容が違うと意味が正しく理解されないから。
> T: It is difficult to understand the message of the sign when you have a different facial expression from the sign.
> S: 笑顔で happy と言うとその意味は正しく伝わるから。
> T: Very good. It is easy to understand the message of the sign when you see the same expression on the speaker's face.

　答えは生徒によって異なる可能性があります。いずれの答えも，テキスト情報をもとに推測した結果出されたものです。異なる生徒の考えをクラスで共有すれば，メッセージを深く理解させることができます。生徒から出てきた考えを一つ一つ他の生徒と共有するとさらによいでしょう。生徒が英語で答えることができそうなら，励ましましょう。日本語で答えさせたときには，教師ができるだけ簡単な英語で言い換えましょう。

また，このやり取りの例のように，少し時間をとって，ペアで考えさせてから答えさせることも有効です。

 発問のポイント

　このようなテキストに書かれた情報をもとに，直接書かれていない情報を推測させる問いは，推論発問（inferential questions）と呼ばれます。答えがテキストに書かれている事実発問とは異なります。教師が推論発問を考える際に重要なことは，テキスト内にヒントがある問いを考えることです。ヒントがテキストにあることで，そのヒントを探したりヒントを手がかりに考えたりするために，生徒はテキストを何度も読むことになります。

　また，推論発問の答え合わせをする段階で，Where did you find the hint for the answer? のように，テキストのどこにそのような答えを導き出すヒントがあったか尋ね，根拠となる表現や文をクラスで確認する作業をすることも大切です。

Q Question コーナー

1. 尋ねても答えがすぐに出てこないときはどうすればよいですか？

推測発問は発展的な問いのため，尋ねても生徒からすぐには答えが出ない場合が考えられます。そのようなときには，時間を少しとって，となりの生徒同士で考えさせたり，グループで考えさせたりすることも大切です。そのパターンを見てみましょう。

☐ ペアで話し合わせる

Please think about the question and the reason why you think so.
〈個人で考えさせた後〉
OK. Please share your ideas with your partner.
〈ペアで考えさせる〉

☐ グループで話し合わせる

Make groups of four. Let's share your opinions with your group members.

☐ ペアやグループで話し合ったことをクラスで共有する

Let's share your ideas in class. Any ideas? How about your pair? (How about Group 1?) Please tell us what you think.

2. 様々な異なる答えが出てきた場合どのように対応すればよいですか？

推論発問を生徒に考えさせると，生徒からは異なる答えがいくつも出てくる場合があります。そのような場合，生徒から出てきた考えは大切に共有しながら，正解をクラス全体で確認し，正答に至った理由を尋ねながら，クラス全体で確認していきます。

□ 最も妥当な考えを確認する

T Why did she decide to go abroad? Think about the reason in pairs. OK. What do you think?
S Well, she wanted to go abroad to study.
T How about you?
S To study cooking.
S To get money.
T Now, let's read the text again. Can you get any hints in the text?
S She couldn't get enough information about Thai food in Japan at that time. と本文にあるから……
T Did she want to get money?
S No.
T Did she want to study a language?
S No.
T What did she want to do?
S She wanted to study cooking.

5 読んだことをもとに生徒の経験や考えを引き出す発問

授業で育てたい力

・読み取った内容と自分の経験と関連づけて，英文の理解を深めることができる。
・文書を読んで理解したことをもとに，感想や考えを述べることができる。

ここに着目！

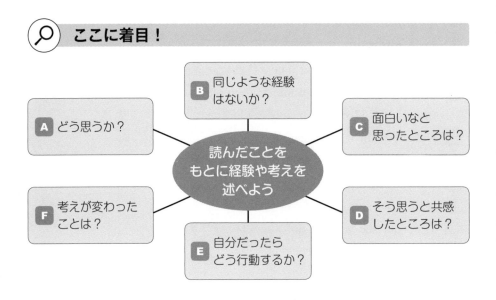

　英文を読んで理解した内容を，生徒自身の考えや地域・社会との関わりを踏まえて解釈することができると，生徒に深く考えさせることができます。

こんな発問をしてみよう

A Do you think it's a good idea? What do you think?

Do you think we can do it? / What can we do? / Whose idea is the best? 複数の意見が出た場合，賛成か反対かを考えさせるのもよいでしょう。

B Did you have an experience like this? What did you do?

Did you have a similar experience? / Have you ever had a similar experience? / Can you give examples? と尋ねることもできます。生徒の具体的な経験と結びつけて考えさせます。

C What was interesting for you? Why?

Why was it interesting? と面白いと思った理由も尋ね，一人一人の興味・関心や気づいた点をクラスで共有します。

D Where do you agree with the writer? Why?

Where do you disagree with the writer? And why? と反対意見やその理由をクラスで共有してもよいでしょう。筆者や英文中の人物の言動に共感した意見や理由をクラスで共有します。

E What would you do in Ken's situation?

Which would you choose, a) go abroad, b) stay in Japan, c) study online? と選択肢を与えてもよいでしょう。人物を描写した英文を読ませる場合，登場人物や筆者の行動について考えさせてみると読みが深まります。

F Did you change your mind? How did it change?

読み進めるうちに話題についての捉え方や考え方が変わることがあります。その変化についてクラスで共有します。

発問を使ったやり取り

　生徒が英文全体の意味を一通り理解することができたら，読んだ内容をもとに，それに関連した生徒の経験や考えを引き出すような発問をしてみましょう。引き続き，Kumi の手話の体験学習についてのテキストをもとにした発問例を見てみることにしましょう。

Have you ever had the same experience that Kumi had? Have you ever thought facial expressions are very important for communication? When did you think so?

　これは，コミュニケーションでは表情が重要な要素であるとする本文内容について，生徒自身もそのように感じた経験があるかどうか尋ねているものです。テキストのメッセージを生徒自身の経験や考えと関連づけることで，生徒の背景知識とテキストにつながりをもたせることになり，テキスト理解をより具体的かつ深いものにすることができます。

- T　Have you ever had the same experience that Kumi had? Have you ever thought facial expressions are very important for communication?
  Can you tell us when you had the same experience?
- S　When we had a work experience.
- T　Where did you work?
- S　At a daycare center.
- T　You worked at a daycare center. What did you do?
- S　We helped old people.
- T　Did you feel facial expressions are important for communication?

- S　Yes.
- T　Why did you feel so?
- S　When I talked with old people and I smiled, they smiled, too.
- T　It's very nice.

 発問のポイント

　テキスト全体を読み終えた授業の最後の段階では，このように生徒とテキストを関連づける発問をして，生徒と英語でやり取りすることができると，英語を使ったコミュニカティブな授業をつくり出すことができます。教科書本文の内容を使って，生徒と英語でのコミュニケーションを楽しむことができるよう常に心がけるとよいでしょう。

話す力（やり取り）を育成する発問を考える前に

　英語を使って即興でやり取りをしましょうと言われても，話す内容が思いつかなければ，生徒は何をどう話をしてよいか戸惑ってしまいます。まずは，発表させるトピックについて，教師自身が英語で話しやすいかどうかシミュレーションしてみましょう。

　英語での活発なやり取りを引き出すポイントは，話すトピックとそのサポートの仕方にあります。やり取りを促すための発問をつくる前に，考えておくべきポイントを順に見てみましょう。

　第1に，生徒にやり取りをさせるトピックを選ぶ必要があります。生徒に英語でやり取りさせる場合，どのようなトピックであれば，準備に時間をかけなくても，すぐに英語で話ができるのか教師は考えておかなくてはなりません。

　第2に，目標を考えることも大切です。話すこと，とくに，やり取りの指導においては，ウォームアップが目的なのか，話題への興味・関心を高めることが目的なのか，話し続ける力をつけさせたいのか，論理的に話す力をつけさせたいのか，など目標をしっかりともつことで，何を大切にして生徒を指導するべきか，何を評価すべきかが決まってきます。

　第3に，生徒の実態について考えてみましょう。どのような生徒がクラスにいるのか，どのようなトピックだと話したいと思えるか，どのようなサポートがあれば会話を継続できるか，などを考えます。教師自身もALTと会話をしてシュミレーションするとよいでしょう。

　短い時間でもよいので，これらを考え具体的な発問づくりに移りましょう。

☐ その話題について教師も ALT と英語でやり取りしましょう。

1　どのようなトピックについて生徒にやり取りさせたいですか？

2　生徒にどのような力を身につけさせたいですか？

3　どれくらいやり取りを継続させたいですか？

　　☐ 30秒　　☐ 1分　　☐ 1分30秒　　☐ 2分　　☐ 3分

4　どうすれば生徒が英語でやり取りしやすくなりますか？

5　どうすれば生徒のやり取りが広がりますか？

6　どうすれば生徒のやり取りが深まりますか？

話すこと（やり取り）の指導

1 即興で話をさせる発問

授業で育てたい力

・関心のある事柄について，簡単な語句や文を用いて即興で伝え合うことができる。

ここに着目！

- A 誰が？
- B 何を？
- C どこで？
- D いつ？
- E どちらが？
- F どれくらい？

（中央：即興で話をしよう）

　生徒に英語を使って即興で話をさせるポイントは，トピックを簡単にすることです。身近な話題や関心のある話題をもとに，すでに生徒の頭の中にある情報や知識を使って英語で言えることを尋ねましょう。

こんな発問をしてみよう

A Who is your favorite singer? Why?

Who is your favorite singer (writer, athlete, actor, teacher)? Why do you like her? Have you ever been to her concert? 生徒が好きな人物についてやり取りさせたり理由を尋ね合ったりさせましょう。

B What is your favorite TV program? Why?

What is your favorite movie (book, song, team, comic book)? /What kind of food (music, TV program, movie) do you like? And why? と尋ねると話が膨らみます。

C Where do you want to travel? Why?

Where do you want to live in the future (go next summer, go shopping next weekend)? Why? 場所についてやり取りをさせてみましょう。

D When do you feel happy? Why?

When is your birthday?/When do you feel relaxed (excited, embarrassed)? Why? 生徒がその気持ちになる場合とその理由について尋ねます。

E Which do you like better, summer or winter? Why?

Which do you like better, watching movies or reading novels (dogs or cats, Disneyland or Disney Sea)? Why? 二者択一で好きなものとその理由について尋ねます。

F How many hours do you sleep?

How many bags do you have? /How many hours do you study? /How often do you play sports? 生徒の生活習慣などを尋ねてみましょう。

発問を使ったやり取り

ここでは，次のシンプルな発問を使って，即興の会話を引き出すやり取りを見てみましょう。

発問 1

Which do you like better, _____ or _____? Why?

〈教師の提示の例〉

T　Today's question is, "Which do you like better, A or B? And why?" Put any words you like in the blanks. For example: Which do you like better, Tokyo Disneyland or Tokyo Disney Sea? Baseball or Soccer? Dogs or Cats? Tell the reasons why you like it better.

T　You are going to ask this question to your partner. Keep talking in English for one minute.

教師は生徒に，自分が聞きたい二者択一の問いを考えさせて，どちらが好きか理由とともにやり取りするよう促しています。生徒が答え易いように，身近な話題を例にあげています。では，生徒のやり取りの例を見てみましょう。

〈生徒のやり取りの例〉

S　Which do you like better, Tokyo Disneyland or Tokyo Disney Sea?
S　I like Tokyo Disneyland better than Tokyo Disney Sea.
S　Why?
S　There are a lot of attractions in Tokyo Disneyland. I can ride my favorite roller coaster, Big thunder mountain. So I like Tokyo Disneyland better. How about you?

- (S) I like Tokyo Disney Sea better.
- (S) Why?
- (S) I like Duffy. I can meet Duffy only in Disney Sea. There are a lot of dance performances. So I like Tokyo Disney Sea better than Tokyo Disneyland.
- (S) Oh, I see.

〈まとめの例〉
- (T) OK. You've asked some questions. Did you get interesting answers?
- (T) What was your question, Mr. Kimura?
- (S) Which do you like better, *ramen* or *udon*?
- (T) OK. What was your partner's answer?
- (S) She likes *ramen* better.
- (T) Why does she like *ramen* better?
- (S) Because …..
- (T) Very good.

発問のポイント

　準備をせずに即興で会話をさせるためには，どのようなことを話させるかが最も重要なポイントとなります。生徒にとって身近なことや生徒自身が聞きたいことであれば，楽しみながら情報をやり取りできます。生徒が好きなことや日頃の生活習慣など，具体例が考えやすいものをトピックに選びます。

　会話をはじめる前に，教師自身もモデルが提示できるように用意しておくことは大切です。教師のモデルを参考にしたり，選択肢を与えたりしながら，自分自身のことを追加して話せるように促しましょう。

2 会話を継続させる発問

🌱 授業で育てたい力

・互いの話に関心をもって，相手の発言を受けて話をつなぐことができる。

🔍 ここに着目！

- A 誰が？
- B いつ？
- C どこで？
- D 何を？
- E なぜ？
- F どのように？

会話を継続しよう

　即興でのやり取りを継続するためには，相手が話した内容に対して興味をもって，相手の発言を受けて話をつなげることが求められます。会話をつなげるには，シンプルな問いで十分です。まずは，教師が生徒に対してバリエーションに富んだ発問をして会話をふくらませることからはじめましょう。

こんな発問をしてみよう

A Who did you go with?

　Who gave you the present? How did you feel then? /Who is your favorite player? How long have you been a fan? など人物について尋ねると, その人物についてさらに会話を広げることができます。

B When did you start playing the piano?

　How long have you been learning the piano? How many hours do you practice? How often do you go to the lesson? のように時間に関する情報をさらにやり取りできるように促します。

C Where do you want to go for a family trip?

　Have you ever been there? Why do you like the place? 場所についてさらに情報をやり取りすることができます。

D What is your favorite music?

　Oh, you like pop music. Who is your favorite artist? When did you start listening to her songs? と尋ねることができます。

E Why do you like the artist?

　Why is he so special for you? Do you like his voice? /Why don't you like baseball? /Why have you had the pencil case so long? 言動の理由を尋ねます。

F How did you know about the shop?

　Did you find the shop by yourself? Did someone tell you about the shop? などと続けることができます。How did you feel when you had a first try? /How was your trip? と気持ちを尋ねたり感想を尋ねたりしてもよいでしょう。

発問を使ったやり取り

即興でのやり取りでよくあるのは,以下のようなパターンです。

A: What sport do you like?
B: I like tennis very much.
A: Thank you.

一つの問いに答えて終わりにならないように,どのように会話をつないでいけばよいか,教師がモデルを示していく必要があります。では,その例を見てみましょう。

> T OK. Let's have two-minute talk. Today's topic is, "what did you do in winter vacation?" You have done a lot of things in winter vacation. Let's share what you did.
> T First, let's have a conversation with me. OK?
> S OK.
> T Ask me the question.
> S What did you do in winter vacation?
> T Well, I went to Fukui.
> T What do you want to know next?
> S What did you do in Fukui?
> T That's a good question. I went to the dinosaur museum.
> T Do you have any other questions?
> S How was it?
> T Good question. How was it? Well, it was wonderful.
> S What did you see?
> T That's another good question. I saw many kinds of dinosaurs in the

	museum.
S	What did you buy?
T	I bought dinosaur T-shirts for my kids.
T	So you can ask many kinds of questions like this. In your conversation, ask your partner questions to make your conversation longer.

　このように教師が会話を継続させるモデルを示します。その後，生徒にペアで会話をさせましょう。様々な問いを使って会話を続けることでより多くの情報を得ることができることを実感させることができます。

☝ 発問のポイント

　まずは，即興での会話の時間を決めて，少しずつ時間を長くしてチャレンジさましょう。会話の練習に慣れてきたのを見て，1分，1分30秒，2分と長くしていくとよいでしょう。
　次に，反応の仕方を練習することも重要です。反応の表現を知らないと，黙って相手の話を聞くことになります。Wow!／How about you?／How was it?／That's nice. などの相手の話を聞いて反応する表現を練習して，いつでも使うように促します。

3 会話の内容を深める発問

授業で育てたい力

・即興のやり取りの中で，会話の内容を深めてやり取りすることができる。

ここに着目！

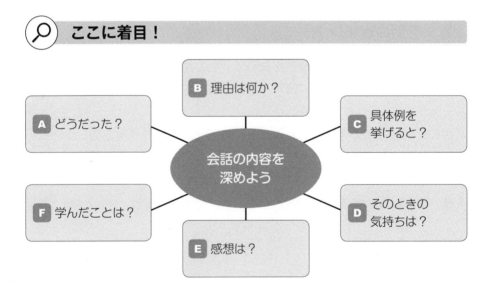

即興での会話に生徒が慣れてきたら，さらに深い内容について会話ができるように導きましょう。会話を深めることができると，思考力・判断力・表現力をさらに育成する場面をつくり出すことができます。

こんな発問をしてみよう

A　How was it?

Did you like it? Why do you think so? のように感想を尋ねてみましょう。

B　Why did you go there?

Why did you dicide to go there? /Why was it exciting? Can you tell me some reasons? のように感想の理由や行動の理由を尋ねることができます。

C　For example?

Can you give me some examples of your favorite books?/ Tell us some good points of the sightseeing spot. /Give us some examples of your favorite TV programs. と言って具体例を出すよう促すとよいでしょう。具体例を出しながら話すと会話が深まります。

D　How did you feel then?

Were you surprised (happy, excited, angry)? /Did you feel relaxed (disappointed)? And why? そのときの生徒の気持ちを尋ねます。気持ちの理由もその後尋ねてみましょう。

E　What did you think about it? Why?

What were you most interested in? /What made you surprised? And why? などのように生徒の感想を尋ねることもできるでしょう。

F　What did you learn from it?

What did you learn from your experience? What did you find there? / What impressed you? など気づいたことや感動したことなどを聞くことができます。経験から相手が何を学んだのか尋ねてみるとよいでしょう。

発問を使ったやり取り

では,会話を深める発問を使ったやり取りとは,どのようなものになるでしょうか。ここでは,先のセクションでみた「冬休みにしたこと」のやり取りを例に挙げ,会話を深める発問を見てみることにしましょう。

Why did you decide to go to the dinosaur museum?

There are a lot of places to visit in Fukui. Why did you decide to visit the dinosaur museum?

T There are several reasons why I chose the dinosaur museum. First, it is the biggest dinosaur museum in Japan. Fukui is famous for dinosaurs because many dinosaur bones were found in Fukui. Second, my sons like dinosaurs very much. Not only children but also we adults can enjoy the museum. We can watch moving dinosaurs. They are really exciting. Third, every year they have a special exhibition in the museum. So every time we visit there, they have a new exhibition and new information about the dinosaurs. That's why I decided to visit the dinosaur museum.

T Why did you choose to visit the dinosaur museum? This is a really good question. And you have to explain why you chose it.

T Do you have another question about my experience in winter vacation?

S What did you feel when you were in the museum?

T　Well, I was very excited to watch large, actual size dinosaurs moving. My sons were almost crying. And there are also large screens showing us a movie about dinosaurs. We can feel like we are in the world of the dinosaurs.
S　What did you learn from your experience?
T　That's a good question. Well, I learned two things. First, the museum is a good sightseeing spot because a lot of people visit the museum, even in winter. Second, I learned that it is exciting for adults. Third, a lot of Japanese technology was used in the museum. I think that in the future more new technology will be used.

発問のポイント

　会話を深めるためには，生徒自身の感想を尋ねたり（What did you feel then?），その理由を尋ねたり（Why do you think so?），生徒が気づいたことや学んだことを尋ねたり（What did you learn from it?）することが欠かせません。他の生徒とは異なる，その生徒なりの考えや経験を引き出す問いは，参照発問（referential questions）と呼ばれます。

　参照発問は，日頃から答え方に慣れていないと，すぐには答えることが難しいことが多いようです。英語で答えることができないような場合には，You can use Japanese if it is not easy to answer the question. と言って日本語で答えさせてもよいでしょう。教師が英語で言い換えてあげて，答え方に慣れていくと，英語で答えようと挑戦する生徒が出てきます。チャレンジしてくる生徒を褒めて，さらなるチャレンジを待ちましょう。

話す力（発表）を育成する発問を考える前に

　英語で発表しましょうと伝えても，何のために発表するのか，誰に向かって発表するのかがわからなければ，生徒は何をどう発表してよいのか見通しがもてません。まずは，発表させたいトピックについて，教師自身が英語で話してみましょう。

　生徒の豊かな表現を引き出す発問を考えるためには，発表の様子をイメージしたり，授業目標を明確にしたり，生徒の実態について考えたりすることが欠かせません。発問をつくる前に考えるポイントを順に見ていきましょう。

　第1に，生徒にどのように発表させたいのかを具体的にイメージする必要があります。生徒に英語で発表をさせる場合，まずどこで誰に向かって何のために生徒に発表させるのかを教師は考えなくてはなりません。

　第2に，授業目標を考えます。話すことの指導において，このような発表を生徒ができるとよいと思う発表を教師が具体的に思い描きます。そのような発表をさせるために，場面設定や目的を設定し，どのような力をつけることに焦点を当てるべきかを考えます。

　第3に，生徒の実態について考えてみましょう。どのような生徒がクラスにいるのか，どのような場面設定だと話しやすくなるのか，どのようなサポートがあれば，考えが広がったり深まったりするのか，などを教師自身がシミュレーションします。

　短い時間でもよいので，このようなことを考え，具体的な発問づくりに移りましょう。

☐ その話題を教師自身も ALT に英語でプレゼンしてみましょう。

1 生徒にどのような発表をさせてみたいですか？

2 生徒にどのような力をつけさせたいですか？

3 その発表をするのに適した場面設定は何ですか？

4 どうすれば生徒の発表が自然なものになりますか？

5 どうすれば生徒の発表が豊かになりますか？

話すこと（発表）の指導

1 目的・場面・状況を考えさせる発問

授業で育てたい力

・場面・状況に応じて情報を整理し，コミュニケーションの目的を達成させることができる。

ここに着目！

```
目的・場面・状況
を考えよう
```

- A 新しいALTに自己紹介
- B 姉妹校の生徒へ学校紹介
- C ALTへ日本文化紹介
- D 姉妹校に自分の地域紹介
- E 新製品をプレゼン
- F 感謝スピーチ

　コミュニケーションを行う目的や場面，状況などに応じて，生徒が何を伝えるべきか内容を考えたり，どのような表現を使うべきか考えたりすることで，生徒の思考力・判断力・表現力の育成につなげることができます。

こんな発問をしてみよう

A A new ALT is coming next September.

Introduce yourself to her in English. Let's think about how you introduce yourself. What's your strong point? 新しいALTに自己紹介をする際、どう紹介するかを考えます。

B Exchange students are coming to our school.

You are going to make a speech about your school. What do you want to tell them about our school? 海外からくる生徒に自分たちの学校をどのように紹介するか考えさせます。

C Your ALT is really interested in Japanese culture.

Let's show him an example of Japanese culture. He likes parties, outdoor sports, and singing. What can you show him? ALTの好みを知った上で、どのような日本文化を紹介するか考えさせます。

D You are going to visit our sister school in Australia.

We were asked to make a presentation about our prefecture for the junior high school students. Make the presentation. 姉妹校の生徒に何をどう自分たちの地域を紹介するかを考えさせます。

E You are a worker at a company.

You are going to show your product and make a presentation about it. Think about good points. Try to sell it well. 製品のよさをプレゼンさせます。

F Let's make a thank-you speech in English.

Show her your thankfulness. 感謝のスピーチを考えプレゼンさせます。

発問を使ったやり取り

　自分の学校や地域を英語で紹介するプレゼンテーションにおいて，教科書のモデル文を示して，生徒たちが住んでいる地域を紹介する原稿を書かせることがあります。モデル文を示すだけでなく，誰に対して，何のために，どのような場面で，自分たちの地域紹介を英語で行うのか明確にしてから活動に取り組ませましょう。次のような設定を考えてみましょう。

発問1

Our ALT, John is looking for a good place to visit next weekend with his girlfriend. Let's recommend a good place to visit in Yamanashi.

　ここでは，自分たちの地域の紹介をする場面を具体的にイメージさせています。さらに，次のように，どのような人に対して説明をするかを具体的にさせるとよいでしょう。

We don't know about John sensei's girlfriend. Let's ask about her. What do you want to know about her?

　生徒に質問を考えさせてみると，次のような質問を考えるでしょう。

T　What kind of information do you want to know when you think about a good place to visiti? What do you want to ask about her? Let's ask him about her.
S　Is she young?
J　She is yourger than me.

| S | What does she like? Does she like nature?
| J | Yes, she likes nature.
| S | What is her hobby?
| J | She likes outdoor sports. For example, hiking, and camping.
| S | What is her personality?
| J | She is very active.
| S | What kind of food does she like?
| J | She likes local food very much.
| T | Do you understand what kind of person she is? Now can you think about a good place to visit in Yamanashi?

発問のポイント

　発表の際のポイントは，誰に対して発表するのか，何のために発表するのか，そして，どのような場面で発表するのか，を具体的にすることです。

　自分たちが地域を紹介しようとする相手が，アウトドア派で，食べることが好きで，といった具体的な情報があれば，何をどのように発表すればよいか表現の内容を工夫することができます。

　また，何のために表現するのかを確認しましょう。1週間山梨に初めて滞在する海外の人が訪れるとよい場所を紹介するのに，最もふさわしい場所をどのように紹介するとよいのかを意識させれば，生徒は具体的なプランを考え始めます。

　どのような場面で表現するのかも具体的にするとよいでしょう。例えば，「山梨紹介をビデオレターで伝えます」のようなイメージができていると，どのように発表すべきかを考えることができます。

2 メモなどを活用して発表させる発問

🌱 授業で育てたい力

・関心のある事柄について，メモなどを活用しながら簡単な語句や文を用いて発表することができる。

🔍 ここに着目！

```
        B いつ？
A 何を？              C どこで？
     メモなどを活用
     しながら発表しよう
F 何を学んだ？         D どのように？
        E なぜ？
```

　メモなどを見ながら発表する練習は，自信をもって人前で発表できるようになるための大切なステップです。メモは，フルセンテンスではなく単語レベルで簡単に書かせます。次のような発問をもとにメモをつくらせると，ポイントを押さえた発表をする準備を短時間で行うことができます。

こんな発問をしてみよう

A What did you do for the first time?

　What do you want to tell the most? What experience did you have? Can you give some examples? まずは何をしたのかを尋ね，何を体験したのかを具体的に尋ねます。

B Where did you do it?

　Where did you go in Tokyo? /Where did it happen? などのように，どこへ行ったのか，どこでの出来事なのか具体的な場所を尋ねます。

C When did you do that?

　Was it during summer vacation? /Was it two years ago? のようにいつのことかを具体的に尋ねてもよいでしょう。

D How did you feel then?

　How was it? Were you nervous? Were you happy? のように具体的な気持ちなどを尋ねます。

E Why did you feel happy?

　Why were you surprised? /What made you happy? そのときなぜそのような気持ちになったか，なぜそのような感想をもったのかその理由を聞き出します。

F What did you learn?

　What do you want to do next? など，生徒がその経験から学んだことや気づいたこと，今後のことについて尋ねることができます。

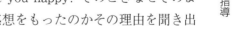

発問を使ったやり取り

では,「人生で初めて経験したこと」をテーマにして話す活動における教師と生徒のやり取りを見てみましょう。

T Today's topic is, "first time in my life". Recently did you try something new? For example, I climbed a mountain, I made cookies.... Anything is all right. Think about your experience and write some notes about it on the sheet. I'll ask some questions.

No. 1: what did you try for the first time in your life?

No. 2: when did you try it?

No. 3: where did you try it?

No. 4: how did you feel?

No. 5: what did you learn from the experience?

You are going to think about these questions for two minutes. After that you are going to make a speech in your group. When you talk in your group, you can look at your notes. But don't write full sentences but write only words on the sheet. OK? Are you ready?

T Do you write full sentences on the sheet? Yes or No?

S No.

T Right. Don't write full sentences.

T Can you look at your notes when you talk in your group?

S Yes.

T That's right. You can look at your notes when you talk.

T How long is the thinking time?

S Two minutes.

T OK. You have two minutes to prepare.

T Are you ready?　Start.

〈メモを書かせる〉

T OK. Time is up. Are you ready to talk? Now it's time to talk about your experience. You can look at your notes. But don't show the notes to your friends.

T When you listen, please respond like, "Oh, really?", "That's nice", and so on. Do you have any questions? Let's start.

〈メモを見ながら〉

S I did scuba diving for the first time. It was in last August this year. We went to Okinawa with my family. At first, I was a little nervous. But it was fun in the water because I saw a lot of beautiful fish. I felt like I was in space. I want to try scuba diving again in the future. I learned that we need to keep our environment in Okinawa. Do you have any questions?

```
Notes
- scuba diving
- August
- Okinawa
- nervous
- in space
- want to try again
- environment
```

話すこと（発表）の指導

  発問のポイント

　メモを見ながら発表するという活動は，どのようなトピックでも使うことがきます。メモを見れば，なんとかして英語で発表ができる力は，今後さらに必要になってきます。まずは，簡単なメモをもとに話をすることに慣れさせることが大切です。何をメモさせるかも重要なポイントとなります。トピックに合わせ，発問の内容や順序を計画しましょう。

　発表の最後には，Do you have any questions? と生徒に尋ねるようにさせ，発表をやりっぱなしで終わることなく，発表内容をもとにしながら，もう少しペアやグループでの会話を発展させるよう促します。

Chapter 2　4技能・5領域別発問づくり　99

3 まとまりのある内容を発表させる発問

授業で育てたい力

・具体的な例や理由を加えて，関心のある事柄や日常的な話題についてまとまりのある内容を発表することができる。

ここに着目！

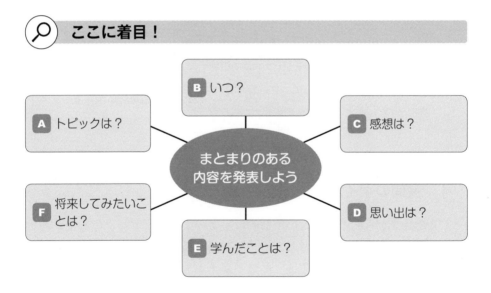

　生徒にまとまりのある内容を発表させるためには，話す内容を広げたり深めたりしておく必要があります。伝えたい内容や順序を考えさせたり，聞き手にわかりやすい展開や構成を考えさせたりすることも必要です。その過程をサポートするための発問を考えてみましょう。

こんな発問をしてみよう

A What is your favorite place?

What is important in your school life (daily life)？/Who do you respect? など，様々なトピックで発表させてみましょう。発表させたい話題を選ばせるのもよい方法です。

B When did you go there?

Do you do it every day？/How often do you play baseball？/When did you read it? など，さらに詳しい情報を生徒から引き出します。

C How did you feel when you did it?

Do you feel happy（relaxed, excited, calm, tired）？/Why do you feel so? とそのときの気持ちやその理由を尋ねると内容がさらに深まります。

D What is your best memory from there?

Can you tell us your good memory？/What do you remember the most? などのように，生徒の思い出を尋ねることで，一人一人異なる個性的な内容を引き出すことができます。

E What did you learn from it?

Did you learn friendship, teamwork, making an effort, time management? など経験から学んだことや考えたことを尋ねます。

F What do you want to do in the future?

What do you want to learn next？/What can you do for the future？/ What do you want to try? のように将来に向けての希望や抱負を尋ねてみるのもよいでしょう。

発問を使ったやり取り

では,My favorite place at school というトピックでまとまりのある発表を行う際の教師と生徒の具体的なやり取りを見てみましょう。

〈教師がモデルを示す〉

T I'm going to tell you about my favorite place at school.

T Where is your favorite place? My favorite place is the library in this school. After school I go to the library to find a new book to read. There is a good librarian who recommends good books for me. I'm really interested in fiction novels. Every time she finds a new good book, she recommends it to me. I also like studying at the library. I can study hard because it is very quiet. So my favorite place is the library. How about you?

〈生徒とやり取りしながら発表内容のブレインストーミングをする〉

T Mr. Sasaki, where is your favorite place at school?
S My favorite place is the ground at our school.
T What do you do there?
S I play soccer with my team mates after school every day.
T How do you feel when you do it?
S Playing soccer is very hard but I feel happy when I play soccer.
T Great. What is your best memory from there?
S We sometimes have a practice match with other schools. I was very happy when I scored my first goal.
T When did you score your first goal?
S When I was in the first grade. It was in the summer vacation.

> T What do you want to do in the future?
> S I want to be a good soccer player.
> T Of course, you can be a good player. Very good.

発問のポイント

　いきなり発表内容を考えさせても難しいものです。まずは，教師自身のスピーチを生徒に見せましょう。具体的なモデルを見せることによって，よい発表の仕方や使えそうな表現を生徒に提示することができます。教師自身がモデルを考えることは重要です。生徒の立場に立って，どのように内容を考えさせるとよいかヒントを得ることができるからです。どのような展開で発表してほしいのか，どのような内容を発表すれば個性のある発表になるのか，など考えをめぐらせながらモデルを考えましょう。

　生徒とやり取りしながら発表内容のブレインストーミングをします。生徒がどのような内容を発表すれば，個性的な発表になるのかを考えながら教師は，生徒に問いかけていきます。例のように，サッカー部の生徒が，校庭が好きな場所であると言った場合，その生徒の気持ちを考えさせたり，思い出を考えさせたりすることで，一人一人が異なる内容が発表できるように，情報を引き出しながら，発表の準備に入っていきます。

話すこと（発表）の指導

4 説得力のあるスピーチをさせる発問

  授業で育てたい力

・社会的な話題に関して、考えたことや感じたこと、その理由などを、簡単な語句や文を用いて話すことができる。

🔍 ここに着目！

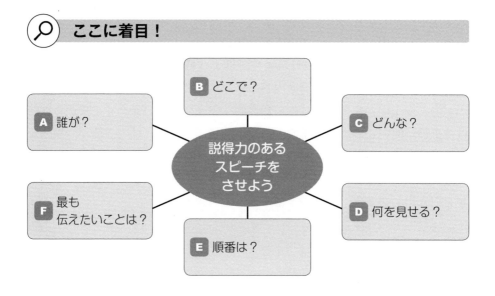

　社会的な話題に関して生徒自身の考えや気持ちを話して伝える力を育成するためには、内容をしっかりと考えるための思考力や、それを英語で伝えるための表現力が必要になります。自分が学んだことや、経験したことを例示しながら、自分なりの意見を述べることができるように発問で導きましょう。

こんな発問をしてみよう

A Who will listen to your speech?

Do they have enough knowledge about it? / What are the listeners interested about? スピーチを聞く人たちがどのような人たちなのかを生徒にイメージさせます。

B Where are you going to make the speech?

Are you going to have the speech in front of class (in a conference)? スピーチを行う場面について，クラスで発表するのか，国際会議でスピーチするという設定で行うのか，様々な場面を設定するとよいでしょう。

C What information do you have to tell?

To make your speech better, what do you need? どのような情報を伝えるとよいのか，スピーチの内容を具体的に考えさせます。

D Do you have anything to show in the speech?

What kind of visual information do you need? / What makes your speech better? スピーチを効果的にする写真や実物，図表を準備させてもよいでしょう。

E Think about the order of the contents of the speech.

What do you say first, second, and third? のように順番に尋ねていくとよいでしょう。効果的に内容や情報を提示する順序を考えさせます。

F What is the main point of your speech?

How do you start (end) your speech? その発表で何を最も伝えたいのかを考えさせます。スピーチの最初と最後に繰り返し伝えるよう指導します。

話すこと（発表）の指導

Chapter 2　4技能・5領域別発問づくり　105

発問を使ったやり取り

ここでは，教師がまずスピーチの場面設定をしてから，生徒とやり取りしながら場面の確認をしています。そのやり取りを見てみましょう。

〈教師が場面設定をする〉

- T　You are going to join an international students' meeting held in Singapore. In the meeting, a lot of junior high school students get together from different countries in the world. You are going to talk about an environmental problem in your country. Now make a presentation about the topic.

〈生徒に場面の確認をする〉

- T　Where do you make a speech?
- S　An international students' meeting in Singapore.
- T　Who will listen to your speech?
- S　Junior high school students from different countries in the world.
- T　Right. A lot of international students from the world will listen to your speech.
- T　What kind of information do you have to tell? What is happening these days related to environmental issues? What do you think?
- S　Floods in Japan.
- T　Good. There were floods in several places in Japan. They caused damage in some areas.
- T　What do most people do to protect against floods in the future?
- S　Checking the route to the 避難所.
- T　Evacuation place. Very good.

> T Do you have anything to show in the speech?
> S Pictures of the flood damages.
> S Some pictures of rescued people.
>
> (中略)
>
> T You will have three examples in the speech. Now think about the order of the information. What do you want to say first?
> S First, we will tell them about floods.
> T How can you make the speech effective? What can you do?
> S We will use pictures.
>
> (中略)
>
> T How do you conclude your speech?
> S We should prepare for floods.

発問のポイント

スピーチをどこで行うのかがわからないままだと、発表内容を具体的に考えることは容易ではありません。そこで、どこで行うスピーチなのか、誰が聴衆なのか、どのようなトピックで、どのような情報を伝える必要があるのか、どのような物や図表を提示するとよいのか、などを生徒とやり取りしながら一緒に考え、発表内容を考えています。この後、スピーチ原稿を個人で考えるようにするとスムーズです。

書く力を育成する
発問を考える前に

　発問を駆使すれば，効率よく生徒の思考を広げたり深めたりすることができます。教師が生徒の思考を促すよい発問を考えるには，教師自身が活動の特徴を理解したり，授業目標を明確にしたり，生徒の実態について考えたりすることが欠かせません。発問をつくる前に考えるポイントを順に見ていきましょう。

　第1に，生徒に書かせる話題について，教師自身が英語で書いてみて，活動の特徴を捉えてみましょう。生徒の立場に立って，英文を書いてみることで，気づくことが必ずあります。誰を対象にして，どれくらいの分量を書くのか，書く目的は何かなど，条件によって内容や書き方が異なってきます。

　第2に，授業目標を考えます。書くことの指導において，生徒自身の考えや気持ちを整理し，まとまりのある文章を書くこと，目的に応じて内容を考えて書くこと，考えたこととその理由を書くこと，などが目標として考えられます。その授業で，どのような力を身につけさせたいのかを具体的にイメージします。

　第3に，生徒の実態について考えてみましょう。どのような生徒がクラスにいるのか，どのような場面設定やトピックだと書きやすくなるのか，どのようなサポートがあれば，考えが広がったり深まったりするのか，などを教師自身がシミュレーションします。

　少しの時間でもよいので，このようなことを考えてから，発問づくりに移るようにします。

☐ その話題について教師も英語で書いてみましょう。

1　生徒にどのような話題で英語を書かせたいですか？

2　生徒にどのような力を身につけさせたいですか？

3　生徒が書きやすくなる場面設定や目的は何ですか？

4　どうすれば生徒の書く内容が広がりますか？

5　どうすれば生徒の書く内容が深まりますか？

1 目的・場面・状況を考えさせる発問

🪴 授業で育てたい力

・目的・場面・状況を考え，書こうとする内容に見通しを立てることができる。

🔍 ここに着目！

- A 何の目的で書く？
- B 誰に向けて書く？
- C 読み手はどんな状況？
- D 何を書けば伝わる？
- E どう書けば伝わる？
- F 書く分量に合った内容？

目的・場面・状況を考えよう

　英語で書く活動の冒頭では，まず，何の目的で書くのか，誰に向けて書くのか，読み手はどのような人なのか，どのように書けば伝わるか，などを考えさせ，活動に見通しをもたせましょう。

こんな発問をしてみよう

〈次のメールを読ませ〉 Hi, I'm Emma living in Paris, France. I'm really interested in Japanese food. I heard Japanese food is very different from French food. Let me know about Japanese food.

A What is the aim of your mail?

Why do you write the mail? 書く目的には，説明する，行動を促す，楽しませる，気持ちを伝える，納得させる，などがあります。

B Who will read your mail?

Who will see the website? /Who will read the poster? など誰に向けて書こうとしているのか読み手を意識させます。

C Are they interested in the topic?

Imagine what kind of person the reader is. What do they know? What are they interested in? 読み手がどのような人たちなのかを考えさせます。

D What information do you have to write?

What can you write for the reader? 読者を意識し内容を考えさせます。

E What is the goal of the e-mail?

What is the purpose of the website? /How can you make it more interesting? どう書けば読み手に伝わるのかを考えさせます。

F How many words (lines) do you have to write?

書く分量を確認し，何をどれくらい書くか見通しをもたせます。

発問を使ったやり取り

　教科書にあるライティング活動をそのままはじめるのではなく，誰に向けて何のために書くのかなど活動の目的や場面を具体的に考えさせることからはじめてみましょう。ここでは，「学校新聞を書こう」を例に，目的や場面・状況を考えさせる発問を使ったやり取りを見てみます。

〈教師が場面設定をする〉

> T　Today we are going to make a school newspaper in English. There are a lot of people from abroad living in our town. Your ALT, John and his wife are two of them. Let's write a newspaper about our school life for them.

〈場面設定をした後〉

T　What are you going to write today?
S　School newspaper in English.
T　Who will read the newspaper?
S　John sensei and his wife.
T　Yes, and more people. Who are they?
S　People living in this city.
T　People from abroad will read the newspaper.
T　Are they interested in the school life?
S　Yes.
S　Maybe.
T　What do you think they want to know?
S　Interesting activities.
S　Club activities.

(S) School festival.
(S) School trip.
(T) To have them understand well, what do you need to write in the newspaper?
(S) Interesting topics.
(S) Good examples.
(S) Pictures.
(T) What is the goal of writing the newspaper?
(S) Write interesting topics.
(S) People can understand our school life better.
(T) How many lines should you write for one article?
(S) About twelve lines.
(T) Yes. We have about twelve lines. So we have to think what to write in an article using twelve lines. Are you ready? Let's start.

発問のポイント

誰に向けて書くのかを具体的にイメージさせましょう。教師が場面設定をした後，例のように，どのように書くとよいのか，どのような情報を書けばよいのか，などを生徒から引き出しながら確認するとよいでしょう。そうすれば，書く目的ができるので，生徒はその目的を達成するために，よりよい例や表現を考えたり工夫したりするでしょう。

Q Question コーナー

1. ライティング活動でのよい場面設定が思いつかないのですが

　ライティング活動の目的や場面設定が思い浮かばないことがあるかもしれません。次の例を参考にしながら，学校の特徴や生徒の経験に関連づけて考えてみましょう。

☐ 姉妹校の中学生が学校に来る
〈自己紹介を書かせる場合〉
Next week students from Shanghai are going to visit our school. So you are going to have a chance to talk with them in English. Let's prepare the self-introduction in English.

☐ 海外の中学生からメールに返信させる
〈学校紹介を書かせる場合〉
Here is an email from Sarah living in Australia. Let's read this email and write a reply to her. "Hi, friends. I'm Sarah from Australia. We are going to visit your school in June. Could you tell me about your school? What kind of events do you have? What do you do in your daily life? We are looking forward to seeing you. Thanks."

☐ 海外の中学生からの依頼に答えさせる
〈日本文化の紹介を書かせる場合〉
Hi, I'm Emma living in Paris, France. I'm really interested in Japanese culture. I heard Japanese food is very different from French food. I'm

also interested in Japanese flower arrangement. Let me know about your culture.

□ ALTからのメッセージをもとに考えさせる
〈修学旅行の思い出の場合〉
Here's a message from your ALT, Kathy. "How was your school trip? I have heard you have learned so many things on your school trip, for example, history, peace, and culture in Hiroshima. Someday I want to visit Hiroshima. Let me know about what you learned there." Let's write what you did and what you learned on your school trip.

□ 身近な人物との対話例をもとに考えさせる
〈どちらが好きか意見を書かせる場合〉
T : Let's ask about what Jane likes to do. Which do you like better, swimming in the sea or walking in the mountain?
Jane : Well, I like walking in the mountain better.
T : Why?
Jane : Well, it is refreshing to walk in the woods and I can also enjoy talking with friends. How about you?
T : I like swimming in the ocean. Because it is fun to see fish and I can feel relaxed when we are swimming in the ocean. How about you, everyone?

書くことの指導

　「書く」という作業は，手紙，メール，新聞，ポスター，案内，招待状など様々な形で行われ，目的や読者も多様です。生徒が書きたいと思うような活動の目的や場面を工夫して提示してみましょう。

2 モデル文から役立つ語句や表現に気づかせる発問

授業で育てたい力

・与えられたモデル文をもとにして，自分が表現する際に参考となる表現や展開の方法に気づくことができる。

ここに着目！

- A 導入の方法は？
- B トピックは何？
- C 具体例は何？
- D 文章の構成は？
- E どんな工夫をしている？
- F 終わり方は？

モデル文から学ぼう

　ライティング指導では，教科書にある英語や教師自身が書いた英語をモデルとして示すことがよくあります。単にモデルを提示するだけでなく，発問を通して参考にしてほしい部分に着目させましょう。

こんな発問をしてみよう

> Here are some examples. Read the example speech and learn how to write.〈モデルの文章を提示した後……〉

A How does the writer start the paragraph?

　Let's read the first sentence together. と言って文章のはじめ方を確認してもよいでしょう。どのように文章を書き始めているかを注目させます。

B What is the main topic?

　What is the main idea (opinion)? 考えや主張を尋ねてもよいでしょう。

C What example does the writer give?

　What episode does he give as an example? モデル文では具体例としてどのようなことが挙げられているか確認します。

D How many parts does this speech have?

　Where is the first part? モデル文がどのような構成で書かれているかを尋ねます。

E What is an interesting point of the example speech?

　What is a good point of this speech? / What are effective phrases? などと尋ねてもよいでしょう。書き方で工夫されているところに着目させます。

F How does the writer end the speech?

　Let's read the last sentence together. と言って，文章の終わり方を確認しましょう。どのように文章をまとめているかに着目させます。

発問を使ったやり取り

> T: This is a draft of Saki's speech about her work experience. You are going to write about your own work experience. This is a good model for you. So let's read this text first.

Text 1 （東京書籍『New Horizon 2』 平成28年度版より）

I used a wheelchair for the first time in my life. When I sat in it, I couldn't use it easily. I felt a little scared.

I tried to get on a bus, but it was difficult. The bus door was wide. Even so, it was very hard. I needed a lot of help.

I learned an important lesson from this experience. From now on, when I see someone in need, I'll give them a hand.

T: How does Saki start her speech?
S: I used a wheelchair for the first time in my life.
T: Right. She wrote what she did. She used a wheelchair for the first time in her life. What did she feel when she sat in the wheelchair?
S: She felt a little scared.
T: Yes. She tells us how she felt. She felt a little scared. What example does she give about trying to use a wheelchair?
S: She tried to get on a bus.
T: Yes. She tried to get on a bus.
T: What is a good point of Saki's speech? What do you think?
S: Saki writes about her feelings very well.

| T | Right. At first Saki felt scared when she sat in a wheelchair. When she got on a bus, it was difficult for her. From that experience she learned an important lesson.
| T | What does she write at the end of the draft?
| S | From now on, when I see someone in need, I'll give them a hand.
| T | So in the last sentence Saki writes what she can do in the future.

発問のポイント

　モデル文を使って生徒にライティング活動につなげるような発問をしていきましょう。読み手として理解しやすいポイントや，説得力があるなと思うポイントに気づかせることで，生徒自身が書き手になったときに，読み手を意識して書くことにつながります。

書きたい内容を絞らせる発問

授業で育てたい力

・身近なことや経験したことなどから話題を決め，最も書きたい内容を絞ることができる。

ここに着目！

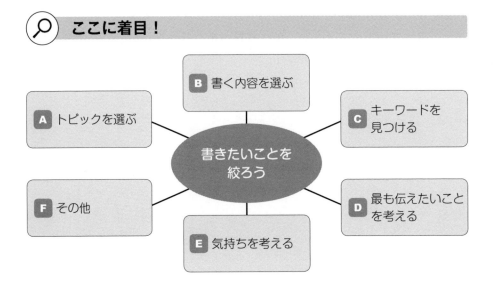

　書く材料が見つかったら，読み手に対して最も書きたい内容を絞らせます。書く内容を絞らせるには，リストアップさせたり，選択させたり，伝えたいことをキーワードで言わせたり，生徒が書きたい内容を選んでいくための発問が必要です。

こんな発問をしてみよう

A What is your best memory? Choose one out of the following school activities: a) school trip, b) work experience, c) club activity, d) other.

　書きたいテーマを生徒自身に選ばせるとよいでしょう。その他のことも書けるように other の選択肢を入れておきます。

B Think about the topic of your speech. Select at least two from the following list: a) history, b) culture, c) museum, d) foods, e) souvenir, f) activities, g) other.

　何を書くか決まったら，具体的な内容を考えさせます。選択肢を与えて自分で選ばせると，書く内容を深めやすくなります。

C What is the keyword for your experience?

　Let's find a keyword related to your experience. と言って，関連するキーワードを具体的に挙げさせてもよいでしょう。

D What do you want to write the most?

　具体的な経験を通して，読み手に最も伝えたいことは何かを考えさせます。生徒と会話しながら，生徒が伝えたいことを聞き出してみます。

E What did you feel at the time?

　Were you surprised? /Were you happy? Why did you feel so? のように，そのときの気持ちやその理由を尋ねてみましょう。生徒の具体的な気持ちを尋ねることで，伝えたいことを絞るきっかけが見つかることがあります。

発問を使ったやり取り

　まとまりのある英語で自分のことを表現させる場合，なんとなく書き始めるのではなく，何について書きたいのか，あらかじめ書く内容の見通しを立てさせておきます。ここでは，「修学旅行で学んだこと」を書くという活動における発問の具体例をみてみましょう。

T Now, you are going to write about what you learned on your school trip in Okinawa. First of all, let's think what you are going to write.

T I'll give six topics. Look at the board. A: History, B: Culture, C: Food, D: Souvenirs, E: Activities, F: Other. Choose at least two topics from the options.

T I'll show you my example. I'm going to write about culture and food. First, I write about the culture in Okinawa. I was very excited to listen to traditional music in Okinawa. Especially I like the sound of the *sansen*. I was also interested in traditional dance. It was a lof of fun when I danced with students. Secondly, I write about foods in Okinawa. I ate different types of traditional foods in Okinawa. I really liked *Goya chanpuru* and *Okinawa Soba*. I liked the taste of them very much.

T Now, I'll give you time to think.

T OK. What are you going to choose? Mr. Suzuki, did you decide?

S Yes.

T What did you choose to write?

S Food and Souvenirs.

T What was your favorite food in Okinawa?

S *Mimiga* and *Taco rice*.

T Did you eat them for the first time in your life?

S Yes.
T What did you buy as a souvenir?
S Ryukyu glass.
T Did you buy it for yourself?
S No. I bought it for my mother.
T OK. Very good.

発問のポイント

　修学旅行で行った場所やしたことを思い出させながら，何を書くかを絞らせます。その際，行った場所やしたことを述べるだけでは，具体的な内容を書くことは難しいため，教師のモデルを見せたり，教師が何人かの生徒とのやり取りを見せたりして，内容を具体的に思い出させたり，感想や学んだことを発展的に書かせるきっかけをつくることが必要となります。

書くことの指導

4 具体的な事柄について書かせる発問

授業で育てたい力

・関心のある事柄について,具体的な事柄を挙げながら書くことができる。

ここに着目!

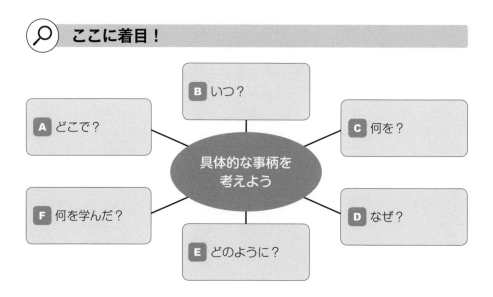

- A どこで?
- B いつ?
- C 何を?
- D なぜ?
- E どのように?
- F 何を学んだ?

具体的な事柄を考えよう

　書きたいことが決まったら,今度は具体的にどのような事柄を書く必要があるかを考えます。いきなり書かせずに,発問をうまく使って教師が生徒とやり取りをしながら,黒板を使ってブレインストーミングをして,書く内容を引き出す工夫をしましょう。

こんな発問をしてみよう

A **Where did you go?**

　Where was it held? /Where was it? Did you go somewhere? のように，どこへ行ったのか，どこでの出来事なのか場所を尋ねます。

B **When did you do that?**

　When was it held? /When is the best season? And why? のように具体的に尋ねてもよいでしょう。それはいつのことか具体的に聞き出していきます。

C **What did you do?**

　Did you go swimming? /Was it your first time? /Did you enjoy it? のように尋ねてやりとりすれば，生徒の記憶がより鮮明になっていきます。何をしたのか，何を体験したのかを具体的に尋ねます。

D **Why do you like it?**

　Why did you decide to go there? /Why did you do it? /Was it interesting? Was it great? Was it delicious? のように具体的に尋ねていってもよいでしょう。

E **How did you feel at the time?**

　Were you nervous? Were you happy? /Why did you feel so? のようになぜそう感じたのか理由も尋ねるとよいでしょう。

F **What did you learn from the experience?**

　What do you want to learn? など将来について尋ねてもよいでしょう。生徒がその経験から学んだことや気づいたことを答えさせます。Communication や friendship など単語レベルでもよいので引き出していきます。

発問を使ったやり取り

　何について書きたいのかテーマが決まれば，テーマに沿った具体例を考えさせます。ここでは引き続き，「体験学習（work experience）」をテーマにしたライティング活動でのやり取りを見てみましょう。

T　Now it's your turn to think about your own work experience. There are three questions. No 1, where did you go? No 2, what did you do? No 3, how did you feel? First, think about these questions and ask your partner. Let's start.
〈ペアで話し合う〉
T　Where did you go for work experience?
S　Daycare center.
S　Hospital.
S　Supermarket.
T　〈場所を板書しながら〉So you went to different places. Why did you choose to go there? Do you have any reasons?
S　I like shopping.
T　Oh, you like shopping so you worked at a supermarket. How about you?
S　I want to be a nurse. So I worked at a hospital.
T　OK. Good. How did you feel at first? Were you nervous? Was it difficult?
S　Yes, I was very nervous.
T　What did you learn in your work experience?
S　Communication.
S　Helping people is important.
T　Oh, you learned a lot of things. OK. Now write about your work

experience in English.

 ## 発問のポイント

　英語で書くように言われてもすぐには書くことはできない生徒もいます。生徒に書きたいことを思い出させたり考えさせたりするために，口頭で発問をしていきましょう。生徒から出された答えを教師はいくつか板書していきます。生徒が英語で答えることが難しい場合は，日本語であっても構いません。生徒から出てきたものを教師は英語にしていきます。

　ポイントは，具体的な発問で尋ねることによって，生徒の中のあいまいな考えを整理したり引き出したりすることにあります。教師が生徒と会話しながら，こんなことをしたな，こんなこと感じたなということを思い出させ，黒板に板書していきます。

　黒板に書かれたものを参考にすれば，英語の苦手な生徒であっても活動に取り組むことができます。大切なことは，生徒との会話で，生徒から引き出したことをもとに書くという点にあります。その場で尋ねてクラスの生徒と一緒に考えながら進めていきましょう。

　会話をしながらアイデアを出すことに慣れてくれば，生徒同士で会話しながら，テーマに関する具体例を引き出せるようにできるとよいでしょう。

Q Question コーナー

1. 生徒の考えを整理する方法にはどのようなものがありますか？

☐ マインドマップを使ってブレインストーミングする

Let's brainstorm your ideas. What did you do first? What did you do next?....

```
          songs                              supermarket
              \  |  /                          \  |  /
           ( daycare center )                   (         )
              /  |  \                          /  |  \
       Origami   helped them
                   to eat                       \  |  /
         fun        difficult                  ( book store )
                                                /  |  \
```

☐ 表を使ってアイデアを埋める

What did you do? Write three things you did. How did you feel then?

What I did	How I felt ....
☐ talked with old people	- happy
☐ helped them to eat	- difficult
☐ cleaned the room	- happy

☐ 時間軸に沿って考えさせる

Let's make a timeline of the day.

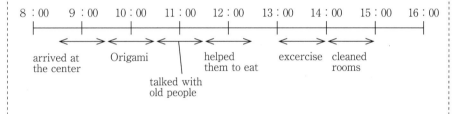

5 事実や考えを整理させる発問

授業で育てたい力

・日常的な話題について事実や自分の考えなどを挙げて，書く内容を整理することができる。

ここに着目！

- A アイデアA/Bの利点・欠点を挙げる
- B アイデアA/Bの利点の具体例を挙げる
- C 共通点・相違点を考える
- D データを分析する
- E 情報を比較する
- F 最終的な意見を決定する

（中央）情報を整理しまとめよう

　賛否や意見が分かれるトピックについて書かせたり，データや条件を比較して意見を書かせたりする場合にも，発問を通して様々な見方や考え方ができるように工夫するとよいでしょう。

こんな発問をしてみよう

Which do you think is better, shopping online or shopping in stores? をトピックにしたライティング課題の場合

A What are the good points (advantages) of shopping online?

What can you do when you are shopping online (in stores)? Tell me some examples. と言いながら生徒のアイデアを広げていきます。

B What do you feel when you are shopping online (in stores)?

Do you enjoy it? Why do you think so? Give me the reason. などさらに考えを広げるために意見や理由を出させます。

C What do they have in common?

What is the difference between A and B? のように，共通点と相違点を引き出していきます。

D Look at the data. Let's analyze the data. What do you notice?

グラフやデータなどをもとに気づいたことを挙げさせてもよいでしょう。

E Compare your ideas with your partner's.

Do you agree with these ideas? Which opinion do you agree with? のようにアイデアを比較させ，どちらに賛成かを考えさせます。

F What is your own final opinion about it?

Now, it's time to write your own opinion. Are you ready? と言って，生徒の最終的な意見を書かせます。

発問を使ったやり取り

ここでは、"Which do you like better, living in a large city or living in a rural area?" をテーマにしたやりとりを見てみましょう。

- T: Today's topic is, "Which do you like better, living in a large city or living in a rural area?" You are going to choose one side and write about your ideas. First, let's brainstorm your ideas together.
- T: What are the good points of living in a large city? Think of as many good points as possible. Talk in pairs.
- S: 〈ペアで話す〉We can enjoy shopping in the malls on weekends. A city has good shops....
- T: How about the bad points of living in a large city? Please think of as many bad points as possible. Talk in pairs.
- S: 〈ペアで話す〉The air is not so clean in a city. There are a lot of crimes. We need much money.
- T: OK. What are the good points of living in a rural area? Let's talk in pairs.
- S: 〈ペアで話す〉The water is clean. The air is also good. The cost of living is low....
- T: How about the bad points of living in a rural area? Let's talk in pairs.
- S: 〈ペアで話す〉We cannot use buses and trains easily. There are no big malls for shopping.
- T: There are both good points and bad points about living in a large city. There are both good points and bad points of living in a rural area. Now, let's share the good points and bad points in class. Can you tell me your ideas.

〈黒板を4分割して，生徒の意見を箇条書きしていく〉
We have four categories.

	Living in a large city	Living in a rural area
Good points	big malls for shopping good transportation big hospitals	nature clean air/water cost of living is low
Bad points	crowded bad air/water cost of living is high	no malls for shopping bad transportation no big hospitals

T Which do you like better, living in a large city or living in a rural area? You can use the information when you write. Decide which you want to live in first. Living in a large city or living in a rural area? Choose at least three reasons why you think so. You have two minutes to decide.

 発問のポイント

　アイデアを活性化させることが難しい場合，生徒とともにブレインストーミングしながらアイデアを共有します。教師は，発問を通して様々な角度から物事を捉えることができるように導いていきます。それぞれの利点・欠点をできるだけ生徒から引き出し，英語で語句を板書していきます。

　英語の苦手な生徒でも，板書に書かれたフレーズを参考にしながら，まとまりのある内容を書くことができるようサポートすることができます。板書された内容をもとに会話をさせ，その後で書くとよいでしょう。

目的に沿って適切に，まとまりのある内容を書かせる発問

授業で育てたい力

・目的や場面に応じて，自分の考えやその理由などを適切に書くことができる。

ここに着目！

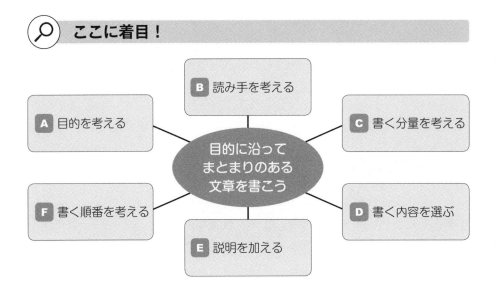

　生徒の考えや意見を広げると同時に一貫性のある文章が書けるように支援します。目的や読み手を意識させたり，書く分量や順序を考えさせたり，具体例や理由を考えさせたり，様々な角度から考えさせましょう。

こんな発問をしてみよう

> 「お世話になった人に感謝の気持ちを伝えよう」というライティング活動で，書く内容についてブレインストーミングさせた後で……

A What is your goal?

Let's think about how we can achieve the goal. 書く目的を意識させて，書く活動を方向づけます。

B Who is the reader of the letter?

What makes him happy when he reads your letter? 読み手を意識させ書く内容を考えさせます。

C How much do we write?

How many lines are there in this worksheet? 書く分量を確認して書く内容を精選するように伝えます。

D Which memory are you going to write about?

In this letter, you cannot write everything. So select three memories with your ALT. 書き出したリストの中から最も書きたい内容を選ばせます。

E Think about the order of the contents.

What are you going to write first? How about second? どのような順番で書けば，目的が達成できるかを考えさせます。

F Let's add one or two explanations to each memory.

挙げた具体例についてさらに説明を加えさせます。

発問を使ったやり取り

ここでは，次のような設定の活動でのやり取りを見てみましょう。

We've got this mail from Emma living in Paris : "Hi, I'm Emma. In my university I'm studying different picture books for small children around the world. I want to know about your favorite picture books in Japan. Please tell me why you like them too. I'm looking forward to reading your mail."

T Who is your reader?
S Emma.
T Which country is she from?
S France.
T What does she want to know?
S Favorite picture books.
S Why we like it.
T What kind of picture books did you read when you were little?
S 『ジプタ』
S 『どうぞのいす』
S 『おまえうまそうだな』
T There are a lot of famous picture books in Japan. Choose one picture book. What do we need to write for Emma?
S Why do we like it?
S The story?
S When did we read it?
〈教師は出てきた意見を板書する〉

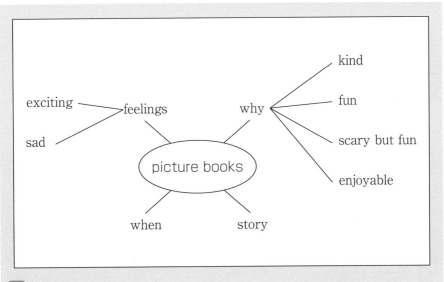

- T First what do you need to write?
- S Title.
- T Second, what do you need to tell?
- S Story.
- T Then, what do you want to write?
- S Why I like it.
- S Memories, reasons, and feelings.
- T Let's take notes first and then start writing.

発問のポイント

　ここでは好きな絵本とその理由を教えてほしいという大学生からのメールの返事を書くという場面設定です。その目的を達成するためには何が必要かを発問して，書く内容を選ばせたり順番を考えさせたりしながら，まとまりのある文が書けるように導きましょう。

7 理由とともに考えを書かせる発問

授業で育てたい力

・日常的な事柄や社会的な話題について，考えたことや感じたこと，その理由などを，簡単な語句や文を用いて書くことができる。

ここに着目！

- A 既知情報を活性化する
- B 視覚情報などで具体的にする
- C その話題のよい点を考える
- D その話題の悪い点を考える
- E 補助資料を比較させ立場を明確にする
- F 自分の考えを述べる

理由とともに考えを書こう

　日常的な話題から社会的な問題に至るまで様々なトピックで問いを考えましょう。生徒自身の考えを，その根拠となる具体例とともに説明させます。その場合，生徒が学んだことや生徒の経験と結びつけて，わかりやすく書くことができるかが鍵となります。

こんな発問をしてみよう

〈社会的な話題の例〉Today there are new types of robots. Do you think robots are good for humans? What do you think about it? Why?

A What types of robots are there in our life?

生徒が既に知っている事柄や日常生活における記憶を活性化させます。

B What can these robots do?

準備した写真やイラストなどを見せながら、その特徴を考えさせたり英語で説明させたりします。

C What are the good points of robots? Share your ideas with your partners.

そのトピックについてのよいポイントをたくさん挙げさせます。

D What are the bad points of robots? Share your ideas with your partners.

そのトピックのよくないポイントについて考えさせリストアップさせます。

E Let's read two students' opinions. Which side do you agree with?

対立する異なる意見を英語で読ませ、自分の立場を明確にさせます。

F Do you think robots are good or bad for humans?

これまで深めてきたアイデアをもとに、具体的な理由とともに自分の考えを述べさせます。

発問を使ったやり取り

　ここでは，社会的な話題について自分の考えを書かせる活動において教師がどのように導入するか具体的に見てみましょう。

T　Today's wiring topic is, "Face-to-face communication is important in our daily life." What do you think about it?

T　Do you agree with this idea?

S　Yes. I agree with this idea.

T　Let's have a brainstorming session.

T　Why do you agree with this idea? Are there any reasons? Why is face-to-face communication important in our daily life?

S　Well, there are a lot of problems of smartphones.

T　Can you tell me more?

S　We have troubles using SNS.

T　What kind of troubles do you have? Give me examples.

S　Sentences are very short. So we cannot tell everything.

S　We misunderstand each other.

S　We sometimes hurt friends' feelings.

T　What is a good point of face-to-face communication?

S　We can look at a friend's face. So we understand their feelings directly.

T　Good. Do you have any other opinions?

〈簡単な英語でアイデアを板書していく〉

T　Now we have a lot of ideas about this topic today. Look at these ideas on the black board. Please decide what you are going to write. Of course, you can put your own ideas. Are you ready?

発問のポイント

　社会的な話題について考えを述べることは，生徒にとってなかなか難しい活動ですが，そんな場合には，教師との英語を使った口頭でのやり取りを通して生徒のアイデアを引き出すように工夫します。

　環境問題やエネルギー問題などの社会的な話題の場合には，生徒が表現する内容が抽象的なものになる傾向があるため，What kind of problems do you have in your daily life? Tell me some examples. や What can you do in our daily life? Can you tell me some ways to solve the problem? のように，できるだけ生徒の経験や生徒が学んだことに引き寄せて，社会的な話題についての生徒の考えを引き出すことが重要です。

Q Question コーナー

日常的な話題や社会的な話題にはどのようなものがありますか？

　日常的な話題とは，生徒自身や家族に関すること，学校生活や家庭生活における出来事などの話題が考えられ，社会的な話題とは，自然環境，世界情勢，科学技術，平和などの話題が考えられます。とくに，社会的な話題について書かせる際，すぐには考えを書けない可能性があります。次のような話題からシンプルに始めてみてはいかがでしょうか。

☐　生徒の個人的な好みについて述べさせる

There are many kinds of books. Do you usually read books? Why?

☐　生徒の習慣やその行動の説明や理由を述べさせる

There are many ways to relax. What do you do to relax? Why?

☐　生徒に身近な事柄について個人的な考えを述べさせる

There are many rules in junior high school. Do you think junior high school students should have more freedom? Why?

☐　学校生活に関する事柄について個人的な考えや理由を述べさせる

In some schools they don't have a school uniform. We have a school uniform. Is it good for students? Why?

☐ 社会的な話題について自分の考えを根拠とともに述べさせる

These days many people buy things on the Internet. Do you think we will buy more things on the Internet in the future? Why?

☐ 社会的な問題について自分の立場を明確にして根拠を述べさせる

These days there are many environmental problems. Do you think we will have more in the future? Why?

【著者紹介】

田中　武夫（たなか　たけお）
福井県出身。現在，山梨大学大学院総合研究部教育学域教授。主な著書に，『「自己表現活動」を取り入れた英語授業』（共著，大修館書店），『英語教師のための発問テクニック』（共著，大修館書店），『推論発問を取り入れた英語リーディング指導：深い読みを促す英語授業』（編著，三省堂），『英語教師のための文法指導デザイン』（共著，大修館書店）などがある。

田中　知聡（たなか　ちさと）
兵庫県出身。現在，山梨県立甲府城西高等学校教諭。主な著書に，『「自己表現活動」を取り入れた英語授業』（共著，大修館書店），『英語教師のための発問テクニック』（共著，大修館書店），『英語教師のための文法指導デザイン』（共著，大修館書店）などがある。

中学校英語サポートBOOKS
主体的・対話的で深い学びを実現する！
英語授業の発問づくり

2018年6月初版第1刷刊 2019年10月初版第4刷刊	ⓒ著　者	田　中　武　夫 田　中　知　聡
	発行者	藤　原　光　政
	発行所	明治図書出版株式会社

http://www.meijitosho.co.jp
（企画・校正）広川淳志
〒114-0023　東京都北区滝野川7-46-1
振替00160-5-151318　電話03(5907)6704
ご注文窓口　電話03(5907)6668

＊検印省略　　組版所　藤原印刷株式会社

本書の無断コピーは，著作権・出版権にふれます。ご注意ください。

Printed in Japan　　　ISBN978-4-18-205225-5

もれなくクーポンがもらえる！読者アンケートはこちらから